머 · 리 · 말

최근에는 회계를 주주, 채권자, 종업원 등과 같은 기업의 이해관계자들에게 회계정보를 전달하는 언어라고 표현하기도 합니다. 이와 같은 [illegible] 해지기까지는 여러 가지 약속들을 이해하고 익히는 것이 중요합니다 [illegible] 출발점에서 회계기초를 다지는 것은 특히 중요한 부분이라 [illegible] 계공부 입문에 있는 수험생들에게 회계학습의 기초적인 [illegible] 새의 내용을 다음과 같이 구성하였습니다.

1. 기본원리를 중심으로 서술하되 **[illegible]한 그림과 표 그리고 문제의 연습**을 통해서 기본을 튼튼하게 다지도록 노력하였습니다.
2. 효율적인 기초회계 학습을 위하여 완성형 문제와 수능기출문제 등 최근에 출제된 **기초 선다형 연습문제를 정리**하여 다양한 시험에 대비하며, 기초를 튼튼히 할 수 있도록 하였습니다.
3. 복식부기원리에 의한 회계순환과정을 중심으로 서술하였으며 **자산 · 부채 · 자본의 기초적인 회계처리 학습**을 확인할 수 있도록 하였습니다.

다른 과목들도 동일하겠지만 회계는 특히 **기초가 중요**합니다. 입문과정에서 기본원리의 이해와 이를 바탕으로 한 지속적인 반복학습이 특히 필요하며 이 부분에서 수험생 여러분의 땀과 노력이 요구됩니다.

처음 기초회계 교재를 출간하려고 결심했을 때에는 많은 계획과 욕심이 있었지만 여러모로 아쉬움이 남습니다. 앞으로 온라인상에서 학습의 어려움을 함께 고민할 수 있도록 노력할 것입니다. 끝으로 늘 삶의 중심에서 힘이 되어 주시는 주님께 감사드리고, 좋은 교재를 만들기 위해서 힘써주신 도서출판 신지원 최현동대표님 그리고 편집부 직원들께 진심으로 감사드립니다.

여럿이 함께하는 세상을 꿈꾸며
배정란 배상

차 · 례

Part 1 회계의 기초

Part 2 자산·부채·자본의 주요 회계처리

生초보도 쉽게 이해할 수 있는 회계입문서

원밍업

기초회계

웜밍업
기초회계

Part 1

회계의 기초

Chapter 01 부기와 회계

제1절 부기란 무엇인가?

우리는 일상생활에서 개인적인 수입과 지출을 기록한다든지, 가정에서 가계부를 작성하는 것 등과 같이 여러 가지 경제활동과 관련된 기록을 확인할 수 있다. 기업의 경우 영업활동을 하는 동안 끊임없이 현금·채권·채무 등이 변동하므로 이를 기록하지 않으면 정확한 손익이나 기업의 재무상태 등을 알 수 없게 되므로 영리를 목적으로 하는 기업의 경우, 특히 기록은 중요하다고 할 수 있다. 그러므로 기업의 영업활동에 따른 재산의 변동사항을 체계적으로 기록·정리하는 방법이 필요한데, 이러한 필요성에 의하여 나타난 것이 바로 부기이다. 즉, 부기(bookkeeping)란 "장부기입"의 약칭으로 장부에 기록하는 요령이나 기술을 말하는 것으로 통상 경제사건을 장부에 기록하는 데 한정된다.

부기(bookkeeping)

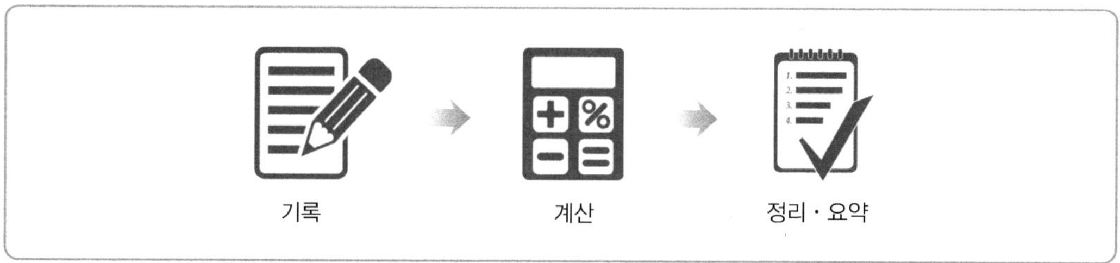

부기는 기록하는 방법에 따라 거래의 원인과 결과 가운데 어느 하나만을 기록하는 단식부기와 거래의 원인과 결과를 이중적으로 기록하는 복식부기로 구분된다. 예를 들면 현금 ₩100,000으로 기계장치를 구입한 경우 단식부기의 경우 '기계장치 ₩100,000 구입'으로만 기록되어 간편하다는 장점이 있다. 그러나 현금으로 구입했는지 외상으로 구입했는지 알 수 없다. 따라서 복식부기는 '기계장치 구입 ₩100,000'을 기록함과 동시에 '현금 지급 ₩100,000'을 동시 기록하여 거래의 원인과 결과를 모두 알 수 있다. 따라서 복식부기는 거래를 이중적으로 기록하기 때문에 기록의 과정에서 발생되는 오류를 발견할 수 있는 장점을 지닌다.

제2절 회계란 무엇인가?

(1) 의 의

회계(accounting)란 회계정보이용자의 경제적 의사결정에 도움을 주기 위하여 경제적 실체와 관련된 정보를 식별하고 측정하여 보고하는 과정으로 정의하고 있다. 따라서 회계는 정보이용자의 유용한 정보를 제공하는 하는 것을 목적으로 하고 있는 정보시스템인 것이다.

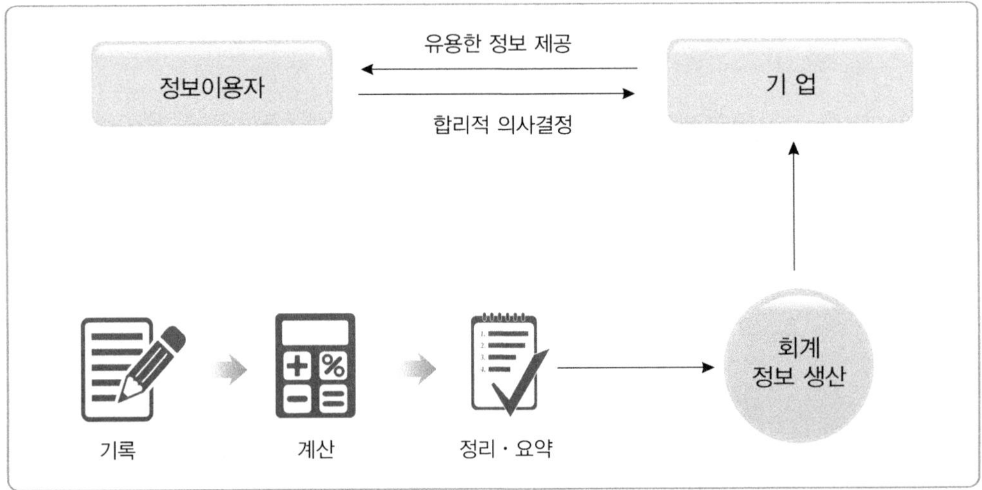

(2) 회계정보이용자 – 기업의 이해관계자

기업은 규모가 커지고 기업활동의 경제적 영향력이 커짐에 따라 다양한 종류의 이해관계자가 존재하며 이들은 각각의 목적에 따라 다양한 정보를 필요로 한다. 회계정보이용자로는 기업에 자금을 제공하는 주주와 채권자, 원재료 등을 제공하는 공급자, 노동력을 제공하는 노동자, 정부기관, 세무당국, 지역사회, 각 이익집단들 그리고 경영자 등 매우 다양하다. 따라서 이들의 정보요구를 모두 충족시키는 것은 거의 불가능하므로 이해관계자가 요구하는 최대한 공통분모를 찾아야 한다. 따라서 회계기준에 근거한 일반목적 재무보고 등을 통해 회계정보가 회계정보이용자에게 제공되는 것이다.

기업의 이해관계자

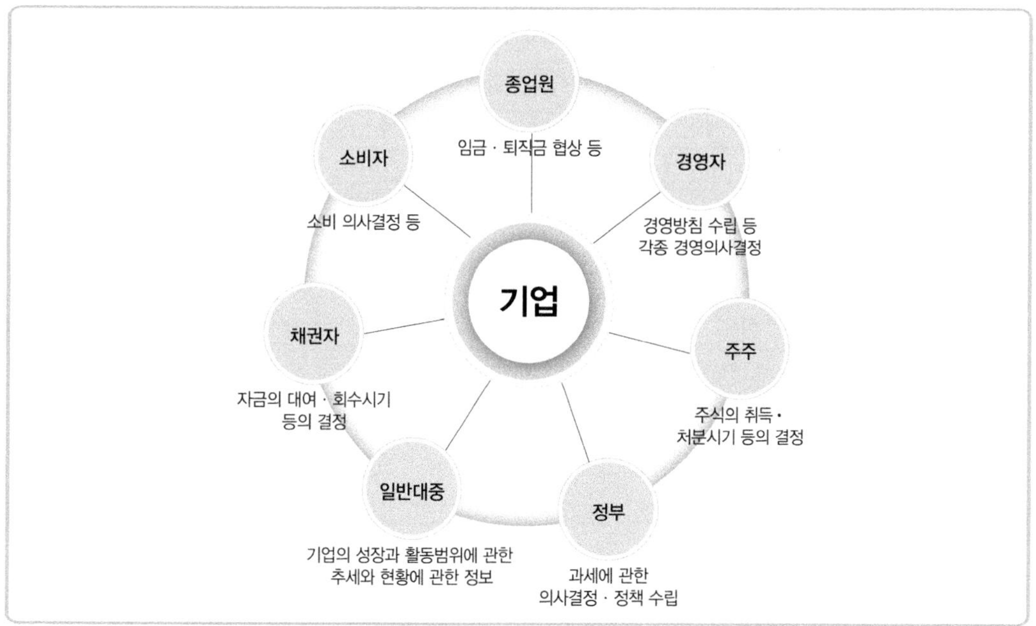

(3) **회계의 분류** : 정보제공의 대상과 목적이 무엇인지에 따른 분류

구 분	재무회계	관리회계
목 적	기업 외부 이해관계자(정보이용자)의 경제적 의사결정에 유용한 정보제공	기업 내부 이해관계자인 경영자의 관리적 의사결정에 유용한 정보제공
보고수단	재무제표(재무보고)	특수목적 보고서
시간적 관점	과거 지향적	과거 지향적 · 미래 지향적
정보의 성격	재무적 정보	재무적 정보 · 비재무적 정보
원칙(기준)	일반적으로 인정된 회계원칙이 적용됨	일반적으로 인정된 회계원칙이 적용 안 됨

부기와 회계의 차이

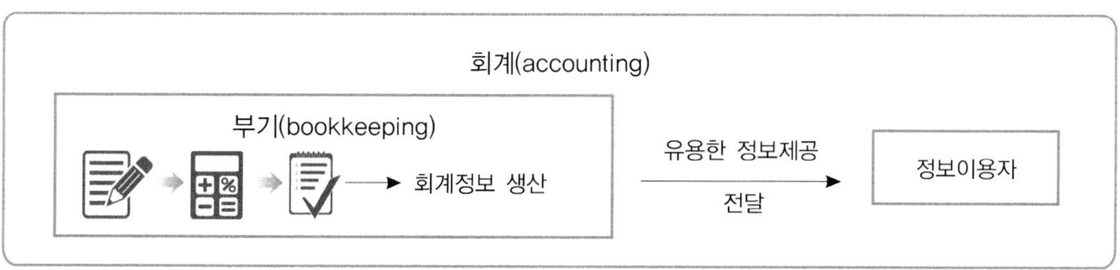

회계(accounting) ⊃ 부기(bookkeeping)

(4) 회계단위

기업이 소유하고 있는 현금, 상품, 채권·채무 등의 증감변화를 기록·계산하기 위한 장소적 범위를 의미한다. 즉, 기록의 주체인 기업은 기업의 소유주와는 독립된 존재로서 기업의 경영활동의 결과를 기록·계산하여야 하는데, 이러한 기록·계산의 기본단위를 회계단위라고 한다. 예로는 본점과 지점, 본사와 공장, 영업소, 점포 등이 있다.

(5) 회계기간

기업이 회계정보이용자에게 회계정보를 어떤 주기로 제공할 것인가의 문제이다. 정보이용자는 수시로 제공받고 싶어 하지만 기업은 일정한 기간을 단위로 회계정보를 제공하게 되는데, 이와 같이 일정한 기간 단위를 회계기간(accounting period)이라고 한다. 우리나라의 공개기업의 경우에는 1년을 기준으로 한 연차재무제표뿐만 아니라 3개월마다 재무제표를 작성하여 공시하도록 되어 있다.

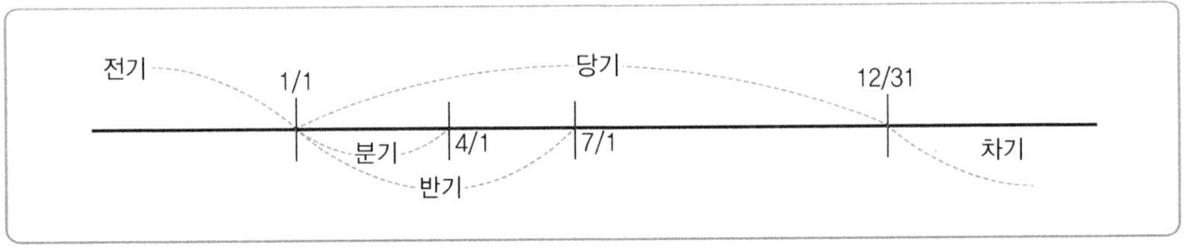

완성형 문제

1 부기는 (   )의 약칭으로 장부에 기록하는 요령이나 기술을 말하는 것으로 통상 경제적 사건을 장부에 기록하는 데 한정된다.

2 부기는 거래의 원인과 결과를 이중적으로 기록하는 (   )와 원인과 결과 가운데 어느 하나만 기록하는 (   )로 구분된다.

3 회계란 회계정보이용자의 합리적 (   )에 도움을 주기 위해 경제적 실체와 관련된 정보를 식별하고 측정하여 보고하는 과정을 말한다.

4 회계는 정보이용자에게 (   )를 제공하는 것을 목적으로 하는 정보시스템이다.

5 회계정보의 대상과 목적이 무엇인지에 따라 (   )와 (   )로 구분된다.

6 주로 기업 외부 이해관계자에게 유용한 정보를 제공하는 것을 목적으로 하며 일반적으로 인정된 회계원칙이 적용되는 회계를 (   )라고 한다.

7 기업이 회계정보이용자에게 회계정보를 어떤 주기로 제공할 것인가에 대한 기간적 범위를 (   )이라고 한다.

8 (   )란 기업은 독립된 존재로서 기업의 활동을 기록·계산하여야 하는데, 이러한 기록·계산의 기본단위로 장소적 범위를 뜻한다.

1. 장부기입
2. 복식부기, 단식부기
3. 의사결정
4. 유용한 정보
5. 재무회계, 관리회계
6. 재무회계
7. 회계기간
8. 회계단위

01 **다음 기사에 나타난 복식부기 회계제도를 시행하였을 때 기대할 수 있는 효과를 〈보기〉에서 모두 고른 것은?**

> 행정안전부는 2006년까지 모든 지방자치단체에 복식부기 회계제도를 도입할 예정이다. 복식부기 회계는 현재 지방자치단체가 활용하는 예결산 위주의 단식부기 회계의 결점을 개선하는 것이다. 이 방법은 복식부기 원리를 적용하여 장부를 기록하기 때문에 재무상태와 경영성과에 대한 정보를 일목요연하게 보여줄 것으로 기대된다.
>
> —○○신문, 2004년 5월 20일자

보 기

㉠ 수익과 비용의 거래는 회계처리하지 않으므로 기장방법이 간단해진다.
㉡ 대차평균의 원리에 의하여 기록이나 계산상의 오류를 검증할 수 있다.
㉢ 거래의 이중성으로 인하여 회계의 투명성이 확보되고, 지방자치단체에 대한 주민들의 신뢰가 높아진다.

① ㉠　② ㉡
③ ㉢　④ ㉠, ㉡
⑤ ㉡, ㉢

 복식부기는 하나의 거래를 차변과 대변으로 나누어 이중적으로 기록하는 방법이다. 따라서 모든 거래를 이중성으로 기록하면 차변합계와 대변합계는 일치하게 되는데, 이를 대차평균의 원리라고 한다. 이와 같이 복식부기를 사용하게 되면 거래를 기록하는 과정에서 발생한 오류를 발견할 수 있다는 장점이 있다. 이를 복식부기의 자기검증기능이라 한다.

02 **부기의 기록계산이 이루어지는 장소적인 범위를 무엇이라 하는가?**

① 회계연도　② 결산기간
③ 회계단위　④ 회계기간
⑤ 사업연도

 (1) 회계단위 : 재산의 증감변화를 기록, 계산하는 범위로서 장소적 범위를 말한다.
(2) 회계연도(회계기간) : 경영성과를 계산하는 기간적 범위를 말한다.

 01 ⑤　02 ③

03 **다음은 계속기업의 회계연도를 설명한 그림이다. 당기를 나타내는 것은 어느 것인가? (단, 결산은 연 1회)**

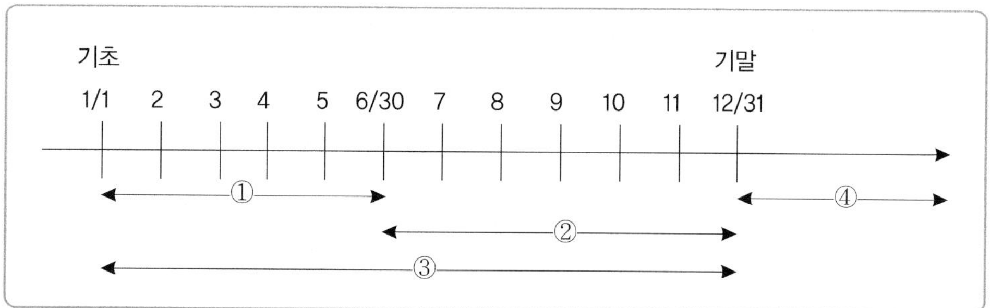

해설 기업은 영속적으로 존재한다는 계속기업을 전제로 하고 있기 때문에 기업의 이해관계자에게 그들의 경제적 의사결정에 유용한 회계정보를 제공하기 위하여 기업의 존속기간을 일정한 기간으로 인위적으로 구분한 후, 각 기간별로 재무상태와 영업성과를 측정하여 보고하게 되는데, 그 기간을 회계기간이라고 한다.
현재 장부기입을 하고 있는 회계기간을 "당기", 전 회계기간을 "전기", 다음 회계기간을 "차기"라고 부른다. 또한 회계기간의 시작시점을 "기초"라 하며 회계기간의 종료시점을 "기말"이라고 한다.

04 **주식회사 합격상사는 김관리씨가 대주주로서 51%의 주식을 소유하고 있고, 나머지 주식은 20명의 소주주들이 나누어 소유하고 있다. 합격상사의 거래내용을 합격상사에 기록할 경우 기록의 주체, 즉 회계의 주체는?**

① 김관리
② 모든 주주
③ 주식회사 합격상사
④ 은행 등의 채권자
⑤ 투자자

해설 회계의 주체는 기업 실체로서 주식회사 합격상사이다.

05 **다음 내용에서 ○○주식회사의 회계단위 개수로 옳은 것은?**

독립채산제를 채택하고 있는 ○○주식회사는 서울특별시에 본점을 두고 있다. 소비자의 만족도 향상과 자사 브랜드 이미지 확대뿐만 아니라 물류비용을 절감시키기 위하여 부산, 대구, 인천, 광주, 대전광역시에 각각 1개씩의 지점을 개설하여 적극적인 마케팅 투자 전략을 추진하고 있다.

* 독립채산제 : 한 기업 내에서 사업부별로 독립적으로 손익계산을 하는 책임경영제도

① 1개　② 2개
③ 3개　④ 5개
⑤ 6개

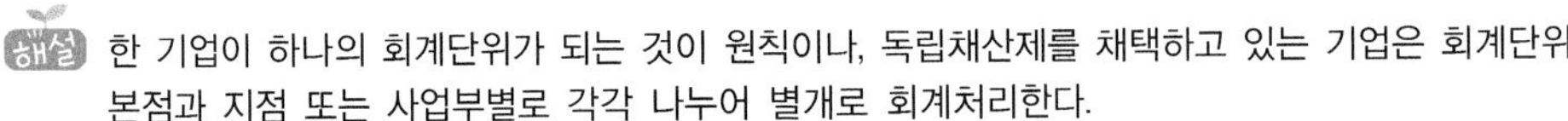
해설 한 기업이 하나의 회계단위가 되는 것이 원칙이나, 독립채산제를 채택하고 있는 기업은 회계단위를 본점과 지점 또는 사업부별로 각각 나누어 별개로 회계처리한다.

06 **회계의 주된 목적을 가장 잘 설명한 것은?**

① 기업의 출자자인 주주를 위해 기업의 경제적 사실을 화폐로 측정한다.
② 기업이 필요한 자금조달을 위하여 은행 등의 채권자에게 재무상태를 보고한다.
③ 기업에서 발생하는 모든 거래사실을 기록·분류·정리한다.
④ 기업이 정부에 납부할 세금을 정확하게 계산하기 위하여 이익을 계산한다.
⑤ 기업의 모든 이해관계자들에게 합리적인 의사결정을 할 수 있도록 회계정보를 제공한다.

해설 회계(accounting)는 정보를 제공하는 관점에서 이해관계자에게 합리적인 의사결정을 할 수 있도록 유용한 정보를 제공하는 것이 주목적이다.

07 **기업과 관련된 회계를 정보이용자를 기준으로 분류할 경우 가장 적절한 분류는?**

① 재무회계와 기업회계　② 관리회계와 정부회계
③ 공공회계와 사기업회계　④ 재무회계와 관리회계
⑤ 기업회계와 정부회계

해설 정보이용자를 기준으로 분류할 경우 외부 이해관계자를 대상으로 한 재무회계와 내부 관리적 의사결정자를 대상으로 한 관리회계로 구분된다.

정답 06 ⑤ 07 ④

Chapter 02 회계정보 1 – 재무상태란 무엇인가?

제1절 재무상태의 의의

기업의 재무상태(financial position)는 자금을 어떻게 조달했으며 어느 곳에 투자하여 사용되고 있는가를 의미한다. 따라서 재무상태 정보를 알기 위해서는 투자되어 있는 상태를 나타내는 자산과 필요한 자금을 조달하는 두 가지 형태인 부채와 자본으로 구성요소를 살펴보아야 한다. 자산은 주변에서 확인할 수 있는 현금, 예금, 주식, 건물, 토지와 같이 본인이 소유하고 있는 금전적인 가치가 있는 것을 말하며, 부채는 타인에게 외상으로 물건을 구입한다든지 돈을 차입한 거래를 통해서 장래에 갚아야 할 의무(빚)를 뜻한다. 따라서 자산은 부채로 조달한 금액을 포함하고 있으므로 자산에서 부채를 차감하면 순자산인 자본이 계산되는 것이다.

재무상태

자 산	=	부채(타인자본)
		자본(자기자본)
자금이 투자된 상태		자금의 조달방법

제2절 자 산

(1) 의 의

자산(assets)은 기업이 소유하고 있는 현금, 예금, 비품 등과 같이 재화나 채권으로서 금전적 가치가 있는 것을 말한다. 구체적인 회계적 용어로 정의하면 '과거사건의 결과로 기업이 통제하고 있고 미래 경제적 효익이 기업에 유입될 것으로 기대되는 자원'으로 정의한다.

용어해설

- **재화** : 기업이 소유하고 있는 돈이나 물건으로서 현금, 상품, 비품, 건물, 토지 등이다.
- **채권** : 외상매출금, 대여금 등과 같이 기업이 받아야 할 권리를 말한다.

(2) 분 류

자산은 정상영업주기 또는 1년을 기준으로 유동자산과 비유동자산으로 구분한다. 유동자산의 경우는 정상영업주기 또는 1년 중 보다 긴 기간 내에 현금으로 회수되거나 판매 또는 소비되는 재화를 말하며 유동자산으로 분류되지 않는 자산은 모두 비유동자산으로 분류한다.

자산계정의 구분과 종류

구 분	계정과목(회계용어)	거래형태 및 일반적 용어
유동자산	현금	흔히 돈으로 알고 있는 것으로 지폐와 주화, 통화대용증권(자기앞수표 등), 당좌예금·보통예금
	당좌예금	당좌수표를 발행할 목적으로 은행에 돈을 예입한 금액
	현금및현금성자산	통화 및 통화대용증권, 당좌예금·보통예금, 현금성자산을 합한 금액
	당기손익-공정가치측정 금융자산	단기매매 목적으로 보유 중인 주식이나 채권
	외상매출금	상품을 외상으로 매출한 경우 발생하는 채권
	받을어음	상품을 매출하고, 대금을 어음으로 수령한 경우(어음상 채권)
	매출채권	외상매출금과 받을어음을 합한 금액
	미수금	건물, 비품, 차량운반구 등과 같이 상품이 아닌 물건을 매각처분하고, 대금을 나중에 받기로 한 금액
	단기대여금	금전을 타인에게 빌려주고, 1년 이내에 회수할 조건으로 차용증서를 받은 경우
	선급금	상품을 매입하기로 하고, 계약금조로 상품대금의 일부를 미리 지급한 금액
	선급비용	비용으로 지급한 대가 중 아직 소멸되지 않은 부분으로 정상영업주기 내에 소멸되는 것
	미수수익	일정기간 동안 용역을 제공하였으나 아직 받지 아니한 금액
	상품	기업이 정상적인 영업순환과정에서 판매할 목적으로 외부로부터 매입하여 보유하고 있는 것
비유동자산	투자부동산	비업무용으로 시세차익을 목적으로 보유하고 있거나 타인에게 임대할 목적으로 보유하고 있는 토지나 건물 등의 부동산
	토지	영업활동에 사용할 목적으로 취득하여 보유하고 있는 땅으로 대지, 임야, 전답, 잡종지 등을 말함
	건물	영업활동에 사용할 목적으로 구입하거나 건설하여 보유하고 있는 건축물 및 부속설비 등
	기계장치	영업활동에 사용할 목적으로 구입하여 보유하고 있는 기계 및 부속설비

비 품	영업용으로 사용하기 위해 보유하고 있는 책상 · 의자 · 컴퓨터 등
차 량 운 반 구	영업활동에 사용하기 위해 보유하고 있는 트럭 · 승용차 등
산 업 재 산 권	법률에 의하여 일정 기간 독점적 · 배타적으로 이용할 수 있는 권리인 특허권, 상표권 등

제3절 부 채

(1) 의 의

부채(liability)는 기업이 장래에 현금 등으로 갚아야 할 의무가 있는 빚을 말한다. 예를 들어 상품을 외상으로 매입한 경우 발생하는 채무(외상매입금 · 지급어음), 은행으로부터 현금을 차용한 경우 발생하는 채무(차입금) 등과 같이 미래에 상환해야 하는 의무를 뜻한다.

따라서 부채의 정의를 회계적 용어로 표현하면, '과거 사건에 의해 발생했으며 경제적효익이 내재된 자원이 기업으로부터 유출됨으로써 이행될 것으로 기대되는 현재의무'로 정의할 수 있다.

(2) 분 류

부채계정의 구분과 종류

구 분	계정과목(회계용어)	거래형태 및 일반적 용어
유동부채	외 상 매 입 금	상품을 외상으로 매입하고 발생하는 채무
	지 급 어 음	상품을 매입하고, 대금은 약속어음으로 발행한 경우(어음상 채무)
	매 입 채 무	외상매입금과 지급어음을 합한 금액
	단 기 차 입 금	타인으로부터 현금을 빌리고, 1년 이내에 지급하기로 한 채무액
	미 지 급 금	상품이 아닌 물건(토지 · 건물 등)을 구입하고, 대금은 나중에 주기로 한 금액
	선 수 금	상품을 매출하기로 하고, 계약금조로 상품대금의 일부를 미리 받은 금액
	미 지 급 비 용	발생된 비용 중 아직 지급하지 아니한 것으로 정상영업주기내에 결제될 것으로 예상되는 금액
	선 수 수 익	일정한 기간 동안 용역을 제공하기로 하고 미리 수취한 금액으로 아직 제공하지 않은 용역에 대한 대가

비유동부채	사 채	주식회사가 장기자금 조달을 위해 일정한 이자를 지급하기로 하고 일정한 시기에 상환하기로 하여 발행한 채무증권을 말함
	장 기 차 입 금	1년 이후에 상환하기로 하고 타인이나 금융기관으로부터 차입한 채무액
	장기제품보증충당부채	판매시 제품을 보증해주기로 한 경우 기업이 잠재적으로 부담하는 제품보증비용 추정액

제4절 자 본

(1) 의 의

자본(owner's equity or capital)은 기업의 자산총액에서 부채총액을 차감한 후에 남은 잔여지분을 말한다. 즉, 자산에서 타인에게 갚아야 하는 부채를 차감한 순자산(net assets)을 말하며, 회계에서는 이를 자본이라고 한다.

(2) 분 류

자본계정의 구분과 종류

구 분	계정과목 및 일반적 용어
납 입 자 본	주식발행을 통해 조달한 자본으로 자본금과 자본잉여금으로 구성
기타자본구성요소	자본조정 · 기타포괄손익누계액
이 익 잉 여 금	기업의 순이익으로 인하여 증가된 순자산 중 유보액

기초과정이므로 자본항목 중 자본금과 이익잉여금계정을 중심으로 이해하고 나머지 항목은 차후에 학습한다.

(3) 자본등식

자본 = 기업이 소유한 순자산
= 자산 − 부채

기초다지기 1

다음 항목을 자산 · 부채 · 자본으로 구분하시오.

01	현　　금	(　　)	02	건　　물	(　　)
03	단기차입금	(　　)	04	외상매출금	(　　)
05	외상매입금	(　　)	06	당좌예금	(　　)
07	미 수 금	(　　)	08	미지급금	(　　)
09	상　　품	(　　)	10	단기대여금	(　　)
11	매출채권	(　　)	12	매입채무	(　　)
13	받을어음	(　　)	14	당기손익-공정가치 측정 금융자산	(　　)
15	단기금융자산	(　　)	16	지급어음	(　　)
17	차량운반구	(　　)	18	자 본 금	(　　)
19	선 급 금	(　　)	20	선 수 금	(　　)
21	비　　품	(　　)	22	기계장치	(　　)
23	현금및현금성자산	(　　)	24	이익잉여금	(　　)

풀이

1. 자산　2. 자산　3. 부채
4. 자산　5. 부채　6. 자산
7. 자산　8. 부채　9. 자산
10. 자산　11. 자산　12. 부채
13. 자산　14. 자산　15. 자산
16. 부채　17. 자산　18. 자본
19. 자산　20. 부채　21. 자산
22. 자산　23. 자산　24. 자본

기초다지기 2

다음 항목을 관련 계정과목으로 연결하시오.

01 은행에 당좌예입하거나 수표를 발행하였을 때 ………… (　　)
02 지폐 및 주화, 통화대용증권 ………… (　　)
03 통화 및 자기앞수표 등 통화대용증권과 당좌예금 · 보통예금 그리고 현금성자산을 합한 것 ………… (　　)
04 만기가 1년 이내의 정기예금 · 정기적금을 가입한 경우 ………… (　　)
05 주식 · 사채 등을 단기적 자금운용목적으로 매입한 경우 ………… (　　)
06 상품을 매출하고, 대금은 외상으로 하였을 때 ………… (　　)
07 상품을 매출하고, 대금은 약속어음으로 받았을 때 ………… (　　)

08 상품이 아닌 건물·토지 등을 매각처분하고, 대금은 월말에 받기로 하였을 때 ………………………………………………………………………………………… (   )

09 현금을 단기적으로 타인에게 빌려주고, 차용증서를 받았을 때 ……………… (   )

10 상품을 주문하고, 계약금으로 지급하였을 때 ……………………………… (   )

11 판매를 목적으로 외부로부터 매입한 물품 ………………………………… (   )

12 사무용품을 구입하였을 때 ……………………………………………… (   )

13 업무용 책상·의자·컴퓨터 및 복사기 등을 구입하였을 때 ……………… (   )

14 영업에 사용할 목적으로 건물을 구입하였을 때 ………………………… (   )

15 상품을 매입하고 대금은 외상으로 하였을 때 …………………………… (   )

16 상품을 매입하고 대금은 약속어음으로 발행하였을 때 ………………… (   )

17 상품이 아닌 비품·건물 등을 구입하고, 대금은 월말에 지급하기로 하였을 때 ·· (   )

18 1년 이내에 상환하기로 하고 현금을 빌리고, 차용증서를 써 준 경우 ………… (   )

19 상품을 주문받고, 계약금을 미리 수령한 경우 …………………………… (   )

20 기업주가 출자한 현금이나 상품·건물 등 ………………………………… (   )

풀이

1. 당 좌 예 금(자산)	2. 현 금(자산)	3. 현금및현금성자산(자산)
4. 단기금융자산(자산)	5. 당기손익-공정가치측정 금 융 자 산	6. 외 상 매 출 금(자산)
7. 받 을 어 음(자산)	8. 미 수 금(자산)	9. 단 기 대 여 금(자산)
10. 선 급 금(자산)	11. 상 품(자산)	12. 소 모 품(자산)
13. 비 품(자산)	14. 건 물(자산)	15. 외 상 매 입 금(부채)
16. 지 급 어 음(부채)	17. 미 지 급 금(부채)	18. 단 기 차 입 금(부채)
19. 선 수 금(부채)	20. 자 본 금(자본)	

제5절 기업의 재무상태를 나타내는 표는 재무상태표이다

(1) 의 의

재무상태표(statement of financial position: SFP)는 일정한 시점에서 기업의 자산, 부채 그리고 자본으로 구성되어 있는 재무상태를 나타내는 보고서이다. 즉, 일정한 시점 기업이 보유하고 있는 경제적 자원인 자산과 기업이 부담해야 할 경제적 의무인 부채 그리고 자본에 대한 정보를 제공하는 보고서이다. 재무상태표 상단에는 재무상태표라는 보고서의 명칭, 특정 시점의 재무상태표임을 알려주는 날짜, 그리고 어느 기업의 재무상태임을 알려주는 기업의 명칭을 반드시 기재해야 한다.

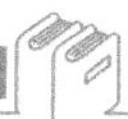

(2) 재무상태표의 구성요소

① 재무상태표 등식

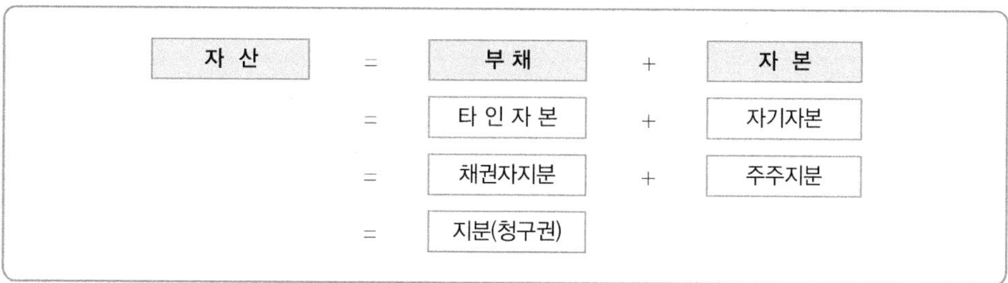

기초다지기 3

다음의 (   ) 안에 알맞은 금액을 기입하시오.

구 분	자 산	부 채	자 본
(1)	₩12,000	₩9,600	₩( )
(2)	20,000	( )	4,000
(3)	( )	15,000	8,000

풀이 회계등식 자산은 부채와 자본의 합이 됨을 확인하는 문제이다.

(1) 자본 = 자산 − 부채 = 12,000 − 9,600 = ₩2,400

(2) 부채 = 자산 − 자본 = 20,000 − 4,000 = ₩16,000

(3) 자산 = 부채 + 자본 = 15,000 + 8,000 = ₩23,000

② 재무상태표 양식

재무상태표는 일정한 시점에서 재무상태(자산 · 부채 · 자본)를 나타내는 도표를 말한다. 따라서 재무상태표 등식에 따라서 왼쪽(차변)은 자산을 기록하고, 오른쪽(대변)은 부채와 자본을 기록하여 다음과 같이 재무상태를 나타낸다.

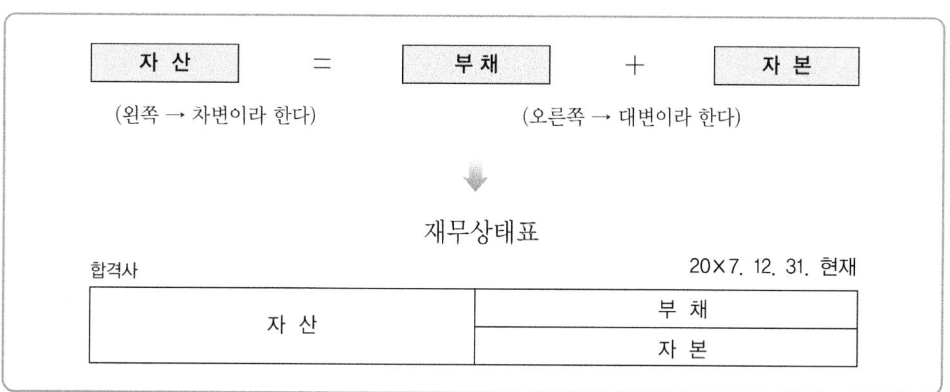

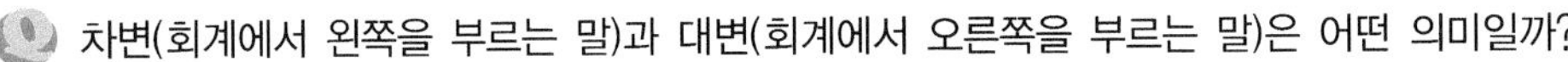

Q&A

차변(회계에서 왼쪽을 부르는 말)과 대변(회계에서 오른쪽을 부르는 말)은 어떤 의미일까?

차변과 대변은 장부기록 초기에 채권·채무 개념이었으나, 거래의 다양화 등으로 현대의 회계학에서는 그러한 개념이 약해졌습니다. 따라서 특정한 의미를 가지는 것이 아니라 단순히 왼편과 오른편을 지칭하는 관습적인 용어로 받아들여지고 있습니다. 그러므로 차후에 학습하는 거래요소의 결합관계에서 자산의 증가는 차변에, 부채와 자본의 증가는 대변에 그리고 감소는 증가의 반대쪽에 기록하기로 한 약속이 되는 것입니다.

기초다지기 4

백두사는 20×7년 12월 31일 시점의 재무상태가 다음과 같을 경우 20×7년 12월 31일 시점의 재무상태표를 작성하시오.

현 금	120,000	외상매출금	50,000	상 품	30,000
기계장치	70,000	단기차입금	100,000	외상매입금	90,000

재무상태표

백두사 20×7. 12. 31.

자 산		부채·자본	
현금및현금성자산	120,000	단 기 차 입 금	100,000
매 출 채 권	50,000	매 입 채 무	90,000
상 품	30,000	자 본 금	80,000
기 계 장 치	70,000		
자산의 총계	270,000	부채및자본총계	270,000

➲ 외상매출금과 외상매입금은 재무상태표에 공시할 때 매출채권과 매입채무로 각각 공시한다.

기초다지기 5

다음의 재무상태표를 수정하여 올바른 재무상태표를 작성하시오.

재무상태표

(주)한라 20×7년 12월 31일

차변	금액	대변	금액
현금및현금성자산	1,200	매 출 채 권	6,000
기 계 장 치	15,000	미 수 금	2,500
이 익 잉 여 금	?	토 지	21,000
매 입 채 무	8,500	선 수 수 익	11,500
자 본 금	15,000	미 지 급 비 용	5,000
	46,000		46,000

풀이 재무상태표는 차변에 자산항목을, 대변에 부채항목과 자본항목을 표시한다.

재무상태표

(주)한라 20×7년 12월 31일

차변	금액	대변	금액
현금및현금성자산	1,200	매 입 채 무	8,500
매 출 채 권	6,000	선 수 수 익	11,500
미 수 금	2,500	미 지 급 비 용	5,000
토 지	21,000	자 본 금	15,000
기 계 장 치	15,000	이 익 잉 여 금	5,700
	45,700		45,700

기초다지기 6

다음은 20×7년 7월 (주)합격에서 발생한 거래이다.

7월 2일 현금 ₩30,000을 추가로 출자하다.
10일 상품 ₩50,000을 외상으로 매입하다.
15일 매출채권 ₩10,000을 현금으로 수령하다.
20일 영업용 컴퓨터 ₩20,000을 현금으로 구입하다.
25일 상품 ₩40,000을 외상으로 매출하다.
30일 단기차입금 ₩10,000을 현금으로 상환하다.

위 거래로 인하여 (주)합격의 재무상태가 어떻게 변화하였는지 재무상태표 등식에 근거하여 아래의 양식에 따라 나타내시오. (단, 증가는 +, 감소는 −로 표시할 것)

일 자	자 산				부 채		자 본
	현 금	매출채권	상 품	비 품	매입채무	단기차입금	자본금
7월 1일	₩20,000	₩30,000	₩50,000	₩100,000	₩50,000	₩100,000	₩50,000
2일							
10일							
15일							
20일							
25일							
30일							
계							

일 자	자 산				부 채		자 본
	현 금	매출채권	상 품	비 품	매입채무	단기차입금	자본금
7월 1일	₩20,000	₩30,000	₩50,000	₩100,000	₩50,000	₩100,000	₩50,000
2일	+30,000						+30,000
10일			+50,000		+50,000		
15일	+10,000	−10,000					
20일	−20,000			+20,000			
25일		+40,000	−40,000				
30일	−10,000					−10,000	
계	₩30,000	₩60,000	₩60,000	₩120,000	₩100,000	₩90,000	₩80,000

기초다지기 7

다음 거래들은 총자산, 부채 및 자본에 미치는 영향을 제시하되 아래와 같은 양식을 활용하시오. 단, 증가는 (+)로, 감소는 (−)로, 변화가 없으면 (O)으로 표시하시오.

> 예시 현금을 출자하여 영업을 개시하다.
>
> | [총자산] | [부채] | [자본] |
> |---|---|---|
> | + | O | + |

01 기계장치를 외상으로 구입하다.
02 은행으로부터 현금을 차입하다.
03 업무용 컴퓨터를 현금으로 구입하다.
04 차입금을 현금으로 상환하다.
05 회사가 주식을 발행하고 현금을 납입받다.
06 상품을 거래처 갑사에게 외상으로 구입하다.
07 기계장치 외상대금을 현금으로 상환하다.

구 분	총자산	부 채	자 본
01			
02			
03			
04			
05			
06			
07			

구 분	총자산	부 채	자 본
01	+	+	0
02	+	+	0
03	0	0	0
04	−	−	0
05	+	0	+
06	+	+	0
07	−	−	0

기초다지기 8

태백사는 상품매매업을 위하여 다음과 같이 회사를 설립하였다. 20×7년 10월 한 달간의 거래를 통하여 영업일자별로 재무상태를 나타내시오.

(거래내역)

10월 2일	현금 ₩500,000을 출자하여 영업을 개시하다.
10월 10일	영업자금이 부족하여 현금 ₩200,000을 은행으로부터 단기차입하다.
10월 16일	영업용 컴퓨터를 ₩170,000에 현금으로 구입하다.
10월 28일	상품 ₩80,000을 외상으로 매입하다.
10월 30일	기계장치 ₩90,000을 현금으로 매입하다.

풀이 10월 한 달간의 거래는 자산과 부채의 변동, 즉 재산의 증감변화를 나타낸다. 이 경우 어떠한 재산의 변화에도 자산은 부채와 자본의 합계임을 다시 한번 확인할 수 있다.

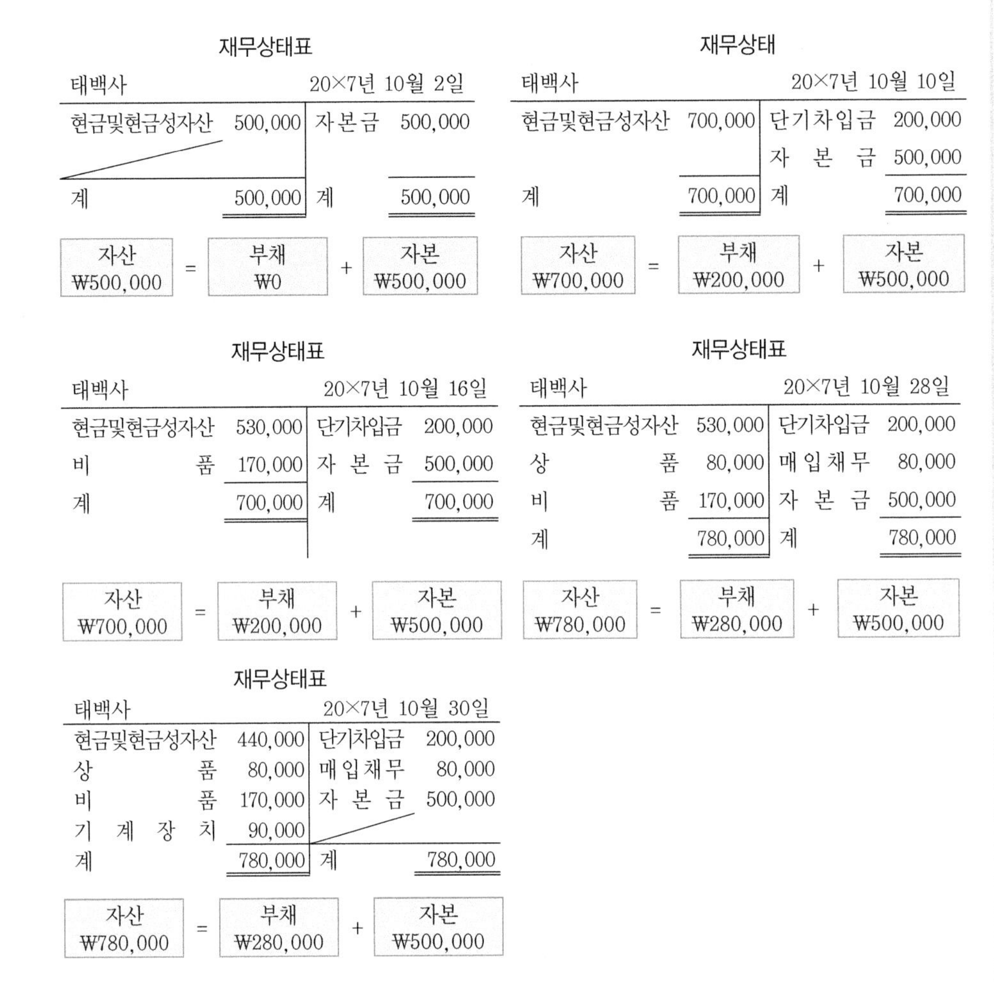

재무상태표

태백사 20×7년 10월 2일

자산	금액	부채 및 자본	금액
현금및현금성자산	500,000	자본금	500,000
계	500,000	계	500,000

자산		부채		자본
₩500,000	=	₩0	+	₩500,000

재무상태

태백사 20×7년 10월 10일

자산	금액	부채 및 자본	금액
현금및현금성자산	700,000	단기차입금	200,000
		자 본 금	500,000
계	700,000	계	700,000

자산		부채		자본
₩700,000	=	₩200,000	+	₩500,000

재무상태표

태백사 20×7년 10월 16일

자산	금액	부채 및 자본	금액
현금및현금성자산	530,000	단기차입금	200,000
비 품	170,000	자 본 금	500,000
계	700,000	계	700,000

자산		부채		자본
₩700,000	=	₩200,000	+	₩500,000

재무상태표

태백사 20×7년 10월 28일

자산	금액	부채 및 자본	금액
현금및현금성자산	530,000	단기차입금	200,000
상 품	80,000	매입채무	80,000
비 품	170,000	자 본 금	500,000
계	780,000	계	780,000

자산		부채		자본
₩780,000	=	₩280,000	+	₩500,000

재무상태표

태백사 20×7년 10월 30일

자산	금액	부채 및 자본	금액
현금및현금성자산	440,000	단기차입금	200,000
상 품	80,000	매입채무	80,000
비 품	170,000	자 본 금	500,000
기 계 장 치	90,000		
계	780,000	계	780,000

자산		부채		자본
₩780,000	=	₩280,000	+	₩500,000

기초다지기 9

상품매매업을 영위하고 있는 태백사의 20×7년 10월 31일 현재 재무상태는 다음과 같다. 20×7년 11월 한 달간의 거래를 통하여 영업일자별로 재무상태를 나타내시오.

재무상태표

태백사 20×7년 10월 31일

자산	금액	부채 및 자본	금액
현금및현금성자산	440,000	단 기 차 입 금	200,000
상 품	80,000	매 입 채 무	80,000
비 품	170,000	자 본 금	500,000
기 계 장 치	90,000		
계	780,000	계	780,000

(거래내역)
11월 5일 소백사로부터 상품 ₩20,000을 매입하고, 대금은 외상으로 하다.
11월 12일 백두사에 원가 ₩30,000의 상품을 ₩40,000에 매출하고 대금은 외상으로 하다.
11월 16일 매입채무 ₩20,000을 현금으로 지급하다.
11월 20일 임차료 ₩3,000원을 현금으로 지급하다.
11월 25일 백두사에 대한 외상대금 중 ₩20,000원을 현금으로 수령하다.
11월 30일 이 달분 보험료 ₩2,000을 수표를 발행하여 지급하다.

풀이 영업활동으로 순자산에 증가나 감소가 발생하면 재무상태표에서는 이익잉여금의 증감으로 표시한다.

재무상태표

태백사 20×7년 11월 1일

자산	금액	부채·자본	금액
현금및현금성자산	440,000	단기차입금	200,000
상품	80,000	매입채무	80,000
비품	170,000	자본금	500,000
기계장치	90,000		
계	780,000	계	780,000

자산 ₩780,000 = 부채 ₩280,000 + 자본 ₩500,000

재무상태표

태백사 20×7년 11월 5일

자산	금액	부채·자본	금액
현금및현금성자산	440,000	단기차입금	200,000
상품	**100,000**	**매입채무**	**100,000**
비품	170,000	자본금	500,000
기계장치	90,000		
계	800,000	계	800,000

자산 ₩800,000 = 부채 ₩300,000 + 자본 ₩500,000

재무상태표

태백사 20×7년 11월 12일

자산	금액	부채·자본	금액
현금및현금성자산	440,000	단기차입금	200,000
매출채권	**40,000**	매입채무	100,000
상품	**70,000**	자본금	500,000
비품	170,000	**이익잉여금**	**10,000**
기계장치	90,000		
계	810,000	계	810,000

자산 ₩810,000 = 부채 ₩300,000 + 자본 ₩510,000

재무상태표

태백사 20×7년 11월 16일

자산	금액	부채·자본	금액
현금및현금성자산	**420,000**	단기차입금	200,000
매출채권	40,000	**매입채무**	**80,000**
상품	70,000	자본금	500,000
비품	170,000	이익잉여금	10,000
기계장치	90,000		
계	790,000	계	790,000

자산 ₩790,000 = 부채 ₩280,000 + 자본 ₩510,000

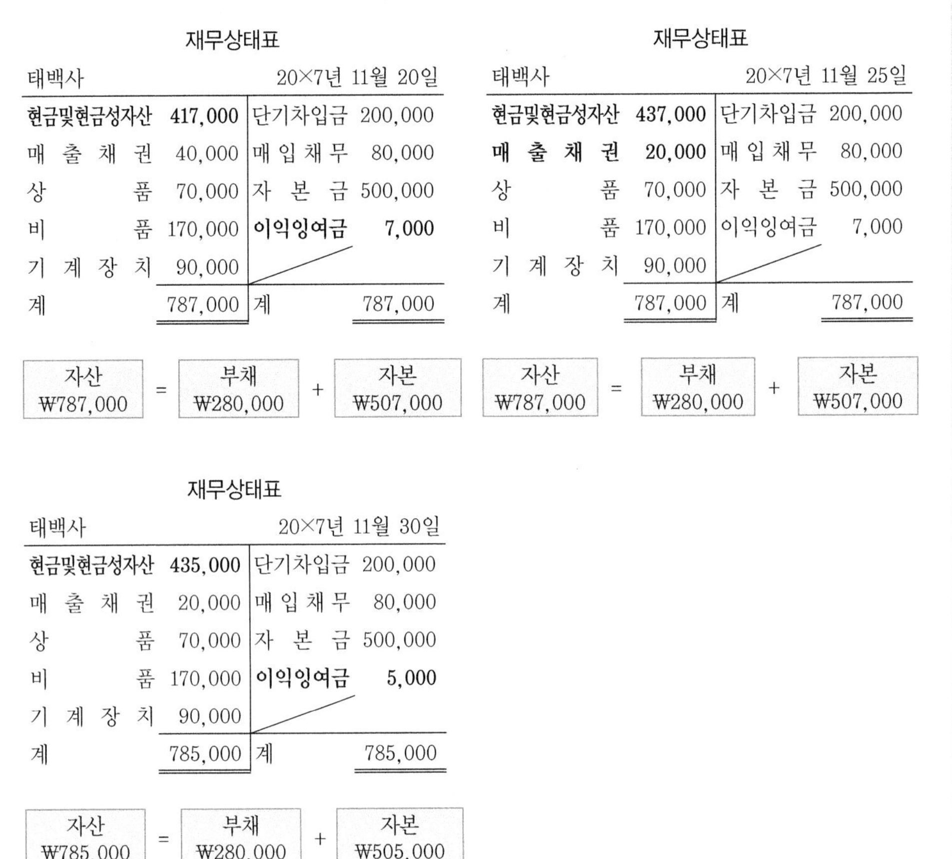

재무상태표

태백사 20×7년 11월 20일

현금및현금성자산	**417,000**	단기차입금	200,000
매 출 채 권	40,000	매 입 채 무	80,000
상 품	70,000	자 본 금	500,000
비 품	170,000	**이익잉여금**	**7,000**
기 계 장 치	90,000		
계	787,000	계	787,000

자산 ₩787,000 = 부채 ₩280,000 + 자본 ₩507,000

재무상태표

태백사 20×7년 11월 25일

현금및현금성자산	**437,000**	단기차입금	200,000
매 출 채 권	**20,000**	매 입 채 무	80,000
상 품	70,000	자 본 금	500,000
비 품	170,000	이익잉여금	7,000
기 계 장 치	90,000		
계	787,000	계	787,000

자산 ₩787,000 = 부채 ₩280,000 + 자본 ₩507,000

재무상태표

태백사 20×7년 11월 30일

현금및현금성자산	**435,000**	단기차입금	200,000
매 출 채 권	20,000	매 입 채 무	80,000
상 품	70,000	자 본 금	500,000
비 품	170,000	**이익잉여금**	**5,000**
기 계 장 치	90,000		
계	785,000	계	785,000

자산 ₩785,000 = 부채 ₩280,000 + 자본 ₩505,000

완성형 문제

1 기업의 (   )란 자금이 어떻게 조달되었으며 어느 곳에 투자하여 사용되고 있는가를 의미한다.

2 자산(assets)은 과거사건의 결과 기업이 (   )하고 있으며 (   )이 기업에 유입될 것으로 기대되는 자원을 말한다.

3 (   )은 통화 및 통화대용증권, 당좌예금, 보통예금 그리고 현금성자산을 말한다.

4 (   )은 당좌수표를 발행할 목적으로 은행에 예입한 금액을 말한다.

5 상품을 외상으로 매출하고 발생하는 채권을 (   )이라고 하고, 상품이 아닌 물건을 매각하고 대금을 나중에 받기로 한 것을 (   )이라고 한다.

6 (   )은 외상매출금과 받을어음을 합한 금액을 말한다.

7 부채(liability)란 과거사건의 결과 경제적 효익이 내재된 자원이 기업으로부터 유출됨으로써 이행될 것으로 기대되는 (   )를 말한다.

8 상품을 외상으로 매입하고 발생하는 채무를 (   )이라 하고, 상품이 아닌 물건을 구입하고 대금을 나중에 지급하기로 한 채무액은 (   )이라고 한다.

9 (   )는 외상매입금과 지급어음을 합한 금액을 말한다.

10 자본(capital)은 기업의 자산총액에서 부채총액을 차감한 후 남은 (   )을 말한다.

11 기업의 순이익으로 증가된 자본 중 유보액을 (   )이라고 한다.

12 (   )는 일정한 시점에서 기업의 자산, 부채 그리고 자본으로 구성되어 있는 재무상태를 나타내는 보고서이다.

1. 재무상태
2. 통제, 미래 경제적 효익
3. 현금및현금성자산
4. 당좌예금
5. 외상매출금, 미수금
6. 매출채권
7. 현재의무
8. 외상매입금, 미지급금
9. 매입채무
10. 잔여지분
11. 이익잉여금
12. 재무상태표

선다형 문제

01 **다음 중 유동자산만으로 구성된 항목은?**

① 매출채권, 미지급금　② 미지급비용, 미수이자
③ 당좌예금, 사채　④ 현금및현금성자산, 재고자산
⑤ 선수금, 개발비

해설 ① 미지급금(부채), ② 미지급비용(부채), ③ 사채(부채), ⑤ 선수금(부채)

02 **다음 주어진 자료에 의한 태백상사의 자산총액은 얼마인가?**

• 현　금	24,000원	• 매입채무	10,000원
• 상　품	30,000원	• 비　품	5,000원
• 차 입 금	6,000원		

① 35,000원　② 59,000원
③ 69,000원　④ 75,000원
⑤ 54,000원

해설 24,000(현금)+30,000(상품)+5,000(비품)=₩59,000

03 **다음에서 자산계정에 해당하는 것으로 묶인 것은?**

㉠ 차입금	㉡ 건 물
㉢ 자본금	㉣ 매입채무
㉤ 예 금	㉥ 선급금
㉦ 비 품	㉧ 미지급금
㉨ 대여금	㉩ 예수금

① ㉡, ㉢, ㉣, ㉧　② ㉠, ㉡, ㉤, ㉦, ㉨
③ ㉡, ㉤, ㉥, ㉦, ㉨　④ ㉡, ㉤, ㉥, ㉦, ㉧
⑤ ㉠, ㉣, ㉧, ㉩

해설 ㉠ 차입금 : 부채　㉡ 건물 : 자산
㉢ 자본금 : 자본　㉣ 매입채무 : 부채
㉤ 예금 : 자산　㉥ 선급금 : 자산
㉦ 비품 : 자산　㉧ 미지급금 : 부채
㉨ 대여금 : 자산　㉩ 예수금 : 부채

정답 01 ④　02 ②　03 ③

04 재무상태표에서 (가)항목에 해당하는 계정과목을 〈보기〉에서 모두 고른 것은?

재무상태표

○○(주) 20×5년 12월 31일 현재 (단위 : 원)

	자 산	금 액	부채·자본	금 액
	현금및현금성자산	70,000	매 입 채 무	50,000
(가)→	매 출 채 권	80,000	단 기 차 입 금	60,000
	·	·	·	·
	·	·	·	·
	·	·	·	·

보 기

㉠ 당좌예금 ㉡ 받을어음
㉢ 외상매입금 ㉣ 외상매출금

① ㉠, ㉡ ② ㉡, ㉣
③ ㉢, ㉣ ④ ㉠, ㉡, ㉢
⑤ ㉠, ㉢, ㉣

해설 매출채권은 받을어음과 외상매출금을 합한 금액이다.

05 다음 계정과목 중 유동부채가 아닌 것은?

① 단기차입금 ② 매입채무
③ 미지급법인세 ④ 전환사채
⑤ 선수금

해설 ④ 비유동부채, ①②③⑤ 유동부채

06 설악회사의 자산과 부채가 다음과 같을 때 자본(순자산)은 얼마인가?

• 상 품 1,000,000원 • 대여금 100,000원
• 매입채무 120,000원 • 비 품 200,000원
• 미지급금 50,000원

① 730,000원 ② 930,000원
③ 1,130,000원 ④ 1,170,000원
⑤ 1,230,000원

정답 04 ② 05 ④ 06 ③

해설 (1) 자산 : 상품+대여금+비품=1,000,000+100,000+200,000=₩1,300,000
(2) 부채 : 매입채무+미지급금=120,000+50,000=₩170,000
(3) 자본(순자산) : 자산-부채=1,300,000-170,000=₩1,130,000

07 다음 자료에 의하여 계산한 각 금액 중 옳은 것은?

• 현 금	₩100,000
• 미 수 금	60,000
• 단 기 대 여 금	10,000
• 건 물	500,000
• 외 상 매 입 금	30,000
• 미 지 급 금	40,000
• 장 기 차 입 금	50,000
• 자 본 금	( )

① 유동자산 ₩170,000, 유동부채 ₩120,000, 자본금 ₩670,000
② 유동자산 ₩170,000, 유동부채 ₩70,000, 자본금 ₩550,000
③ 유동자산 ₩670,000, 유동부채 ₩70,000, 자본금 ₩670,000
④ 유동자산 ₩670,000, 유동부채 ₩120,000, 자본금 ₩550,000
⑤ 유동자산 ₩700,000, 유동부채 ₩200,000, 자본금 ₩100,000

해설 (1) 유동자산 : ₩100,000(현금)+₩60,000(미수금)+₩10,000(단기대여금)=₩170,000
(2) 유동부채 : ₩30,000(외상매입금)+₩40,000(미지급금)=₩70,000
(3) 자본금 : 자산(현금 · 미수금 · 단기대여금 · 건물)-부채(외상매입금 · 미지급금 · 장기차입금)
₩670,000(자산)-₩120,000(부채)=₩550,000(자본금)

08 다음 회계등식 중 맞는 것은?

① 자산+부채=자본
② 자산+소유주지분=채권자지분
③ 자산=지분
④ 채권자지분+타인자본=자기자본
⑤ 자산+지분=부채

해설 자산(총자산, 총지분)=부채 + 자본
=타인자본 +자기자본
=채권자지분+주주지분
=지분

정답 07 ② 08 ③

09 **자산에 속하는 계정과목끼리 연결되어 있는 것은?**

① 미수금 – 가수금 – 매출채권 – 단기차입금
② 대여금 – 매출채권 – 당기손익 금융자산 – 원재료
③ 선급금 – 단기차입금 – 미지급금 – 미수금
④ 소모품 – 단기대여금 – 미수금 – 선수금
⑤ 당기손익 금융자산 – 미수금 – 매입채무 – 선급금

해설 ① 가수금, 단기차입금 ③ 단기차입금, 미지급금 ④ 선수금계정 ⑤ 매입채무 ⇨ 부채계정

10 **다음 중 재무상태표 작성에 필요 없는 계정은?**

① 미수금계정
② 임대료계정
③ 선수금계정
④ 매출채권계정
⑤ 단기차입금계정

해설 재무상태표는 자산 · 부채 · 자본계정으로 구성되므로 수익계정인 임대료는 포괄손익계산서 작성시 필요한 계정이다.

11 **다음 중 재무상태표의 기능이 아닌 것은?**

① 일정시점에 있어서 자산, 부채, 자본의 상태를 나타낸다.
② 일정시점에서 기업의 자금조달 원천인 부채와 자본의 규모를 나타내준다.
③ 금융기관으로부터 대부를 받을 때 신용조사 자료가 된다.
④ 조달된 자본으로 어떤 자산에 투자했는지를 알 수 있다.
⑤ 일정시점에서 기업의 경영성과를 원천별로 파악할 수 있다.

해설 일정한 기간 동안의 경영성과를 파악할 수 있는 것은 재무상태표가 아니라 포괄손익계산서이다.

12 **다음 중 유동자산에 속하지 않는 것은?**

① 매출채권
② 미수금
③ 원재료
④ 비 품
⑤ 선급금

해설 비품은 비유동자산 중 영업활동에 사용할 목적으로 보유하고 있는 유형자산에 해당한다.

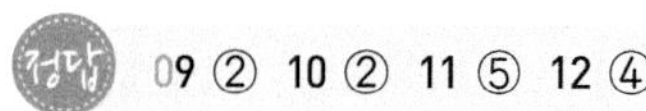
정답 09 ② 10 ② 11 ⑤ 12 ④

13 다음 중 자본과 같은 의미는?

① 소극적 재산 ② 타인자본
③ 순자산 ④ 총자산
⑤ 자 산

해설 자산－부채＝자본(순자산)

14 다음 그림은 재무상태표에 대한 설명이다. 틀린 내용은 어느 것인가?

재무상태표

(가) (나) (다)

자 산		부채 및 자본	
현금및현금성자산	100,000	매 입 채 무	30,000
·		자 본 금	70,000
·		·	
·		·	
	(라)		(라)

① (가)－상호명
② (나)－20××년 1월 1일부터 20××년 12월 31일까지
③ (다)－단위 : 원
④ (라)－차, 대변의 합계는 일치하여야 한다.
⑤ 자기자본은 70,000원이다.

해설 (나) 20××년 12월 31일 현재 ⇨ 일정한 시점의 재무상태(저량정보)

15 〈보기〉는 아래의 재무상태표를 설명한 것이다. 이 중 바르게 설명한 항목으로 묶인 것은?

재무상태표

한라사 20×2. 12. 31. 현재

자 산	금 액	부채 및 자본	금 액
현금및현금성자산	₩100,000	매 입 채 무	₩100,000
매 출 채 권	200,000	미 지 급 금	100,000
상 품	300,000	장 기 차 입 금	200,000
건 물	400,000	사 채	200,000
비 품	100,000	자 본 금	500,000
	₩1,100,000		₩1,100,000

정답 13 ③ 14 ② 15 ④

보 기

㉠ 유동자산은 ₩600,000이고 당좌자산은 ₩200,000이다.
㉡ 유형자산은 ₩500,000이고 재고자산은 ₩300,000이다.
㉢ 타인자본은 ₩500,000이고 유동부채는 ₩200,000이다.
㉣ 비유동부채는 ₩400,000이고 자기자본은 ₩500,000이다.

① ㉠, ㉡　　② ㉠, ㉢
③ ㉡, ㉢　　④ ㉡, ㉣
⑤ ㉠, ㉣

(1) 유동자산＝현금및현금성자산＋매출채권＋상품
＝100,000＋200,000＋300,000＝₩600,000
(2) 당좌자산＝현금및현금성자산＋매출채권
＝100,000＋200,000＝₩300,000
(3) 재고자산＝상품＝300,000
(4) 유형자산＝건물＋비품
＝400,000＋100,000＝₩500,000
(5) 유동부채＝매입채무＋미지급금
＝100,000＋100,000＝₩200,000
(6) 비유동부채＝장기차입금＋사채
＝200,000＋200,000＝₩400,000
(7) 타인자본＝매입채무＋미지급금＋장기차입금＋사채
＝100,000＋100,000＋200,000＋200,000＝₩600,000
(8) 자기자본＝자본금＝₩500,000

Chapter 03 회계정보 2 – 경영성과란 무엇인가?

제1절 경영성과의 의의

기업은 구매활동, 생산활동, 판매활동, 일반관리 및 부수적인 여러 활동 등을 통하여 수익과 비용을 발생시킨다. 경영성과는 다양한 방법으로 측정할 수 있지만 주로 회계에서는 수익과 비용을 파악하여 계산한다.

제2절 수 익

(1) 의 의

수익(revenues)이란 기업이 일정한 기간 동안 벌어들인 것을 의미하는 것으로 상품이나 용역 등을 제공하고 그 대가로 발생하는 자산의 유입 또는 부채의 감소로 나타난다. 따라서 수익은 자본을 증가시키는 요인이 된다. 예를 들면 이자를 현금으로 수령한 경우를 생각해보면, 기업은 현금으로 받았으므로 자산이 증가하고 해당 금액만큼 이자수익으로 수익이 발생하게 되는 것이다. 따라서 회계적 용어로 수익을 표현하면, '수익이란 자산의 증가 또는 부채의 감소에 따라 자본의 증가를 초래하는 특정 회계기간 동안에 발생하는 경제적 효익의 증가로서 지분참여자에 의한 출연과 관련된 것은 제외한다.'라고 정의할 수 있다.

(2) 분 류

수익계정의 구분과 종류

계정과목(회계용어)	거래형태 및 일반적 용어
매 출 액	기업이 고객에게 상품이나 용역 등을 제공한 대가로 수취하거나 수취할 금액
이 자 수 익	단기대여금, 예금 또는 투자한 사채 등에서 발생한 이자
배 당 금 수 익	유의적인 영향력을 행사할 수 없는 피투자회사의 주식에 투자함으로써 받는 현금 배당액
임 대 료	타인에게 토지나 건물을 빌려주고 받는 월세수입 등
수 수 료 수 익	용역 등을 제공하거나 상품판매 중개역할을 하고 받은 수수료
당기손익금융자산 처 분 이 익*	단기매매 목적의 주식·채권 등을 처분하는 경우 발생한 이익 (처분가액 > 원가)

당기손익금융자산 평가이익*	당기손익 금융자산의 기말평가시 취득원가(장부금액)보다 공정가치가 높은 경우 발생하는 이익
유형자산처분이익	건물 · 비품 · 토지 등을 장부금액 이상의 대가를 받고 유형자산을 처분한 경우 그 초과액

* 당기손익 – 공정가치측정 금융자산 처분이익 · 평가이익을 말한다.

Q&A

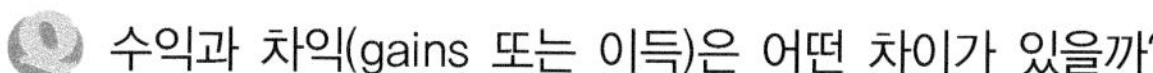
Q 수익과 차익(gains 또는 이득)은 어떤 차이가 있을까?

A 수익은 주된 영업활동으로 인한 자본(순자산)의 증가를 의미하며, 차익은 부수적인 활동으로 인한 순자산의 증가를 의미합니다. 한국채택국제회계기준에서는 수익과 차익을 구분하지 않고 광의의 수익에 차익을 포함시키고 있습니다.

제3절 비 용

(1) 의 의

비용(expenses)이란 수익을 얻기 위해서 지출된 또는 소비된 경제적 가치를 말한다. 따라서 비용은 자본을 감소시키는 요인이 되는 것이다. 예를 들면 원가의 상품에 이익을 가산하여 매가로 판매하였다면 매가는 수익이 되는 것이고, 원가는 수익을 얻기 위해 소비된 자산, 즉 비용이 되는 것이다. 따라서 회계적 용어로 비용을 정의하면 '자산의 유출이나 소멸 또는 부채의 증가에 따라 자본의 감소를 초래하는 특정 회계기간 동안에 발생한 경제적 효익의 감소로서 지분참여자에 대한 분배와 관련된 것을 제외한다.'라고 정의할 수 있다.

(2) 분 류

비용계정의 구분과 종류

계정과목(회계용어)	거래형태 및 일반적 용어
매출원가	판매한 상품의 매입원가나 판매된 제품의 제조원가
급여	종업원에게 지급한 월급과 보너스 등
임차료	토지나 건물 등을 빌려 사용하고 지급하는 대가
감가상각비	기계장치, 비품, 건물 등의 유형자산의 원가를 그 자산의 내용연수 동안에 체계적이고 합리적인 방법으로 비용으로 배분한 금액

광고선전비	신문이나 방송 등의 광고를 위해 지출 또는 소비된 가치
수수료비용	용역을 제공받고 지급한 수수료
이자비용	차입금이나 사채발행으로 인하여 회사가 부담하는 이자
당기손익금융자산처분손실*	단기매매 목적의 주식·채권 등을 처분하는 경우 장부금액 이하의 대가를 받고 처분한 경우 발생한 손실
당기손익금융자산평가손실*	당기손익 금융자산의 기말평가시 장부금액보다 공정가치가 하락한 경우 발생하는 손실
유형자산처분손실	건물·비품·토지 등을 매각·처분시 장부금액 이하의 대가를 받고 유형자산을 처분한 경우 발생한 손실
[일반적 지출항목]	
급여	종업원에게 지급한 월급 등
여비교통비	버스요금·택시요금 등
통신비	인터넷통신요금·전화요금·우표나 엽서 등
수도광열비	도시가스요금·수도요금·전기요금 등
소모품비	사무용 종이, 볼펜 등
세금과공과	재산세, 자동차세, 상공회의소 회비, 적십자 회비 등
보험료	화재보험료·자동차보험료 등

* 당기손익－공정가치측정 금융자산 처분손실·평가손실을 말한다.

Q&A

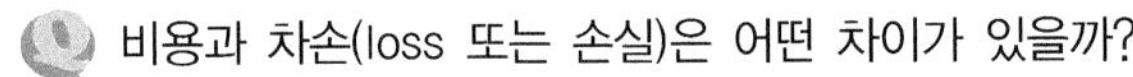

Q 비용과 차손(loss 또는 손실)은 어떤 차이가 있을까?

A 비용은 주된 영업활동으로 인한 자본(순자산)의 감소를 의미하며, 차익은 부수적인 활동으로 인한 순자산의 감소를 의미합니다. 한국채택국제회계기준에서는 비용과 차손을 구분하지 않고 광의의 비용에 차익을 포함시키고 있습니다.

기초다지기 1

다음 항목을 수익과 비용으로 구분하시오.

01 이 자 비 용 ( )
02 임 차 료 ( )
03 수 수 료 비 용 ( )
04 상 품 매 출 이 익 ( )
05 급 여 ( )
06 세 금 과 공 과 ( )
07 임 대 료 ( )
08 광 고 선 전 비 ( )
09 소 모 품 비 ( )
10 수 수 료 수 익 ( )
11 보 험 료 ( )
12 배 당 금 수 익 ( )
13 잡 이 익 ( )
14 유 형 자 산 처 분 이 익 ( )
15 상품매출손실 ( )
16 수 도 광 열 비 ( )
17 여 비 교 통 비 ( )
18 당기손익금융자산처분손실 ( )
19 이 자 수 익 ( )
20 유 형 자 산 처 분 손 실 ( )
21 통 신 비 ( )

풀이

1. 비용
2. 비용
3. 비용
4. 수익
5. 비용
6. 비용
7. 수익
8. 비용
9. 비용
10. 수익
11. 비용
12. 수익
13. 수익
14. 수익
15. 비용
16. 비용
17. 비용
18. 비용
19. 수익
20. 비용
21. 비용

기초다지기 2

다음 항목을 관련 계정과목으로 연결하시오.

01 종업원의 월급을 지급하였을 때 ··············· ( )
02 단기차입금에 대한 이자를 지급하였을 때 ··············· ( )
03 기업이 고객에게 용역을 제공하거나 상품 등을 인도한 대가로 수취하거나 수취할 금액 ··············· ( )
04 재산세 · 자동차세 및 상공회의소 회비를 지급하였을 때 ··············· ( )
05 집세를 받았을 때 ··············· ( )
06 중개역할을 하고 중개수수료를 받았을 때 ··············· ( )
07 상품을 원가 이하로 매출하고 생긴 손실 ··············· ( )
08 사무용 장부 · 볼펜 등을 구입하여 사용하였을 때 ··············· ( )
09 화재보험료 · 자동차보험료를 지급하였을 때 ··············· ( )
10 단기대여금 또는 은행예금에서 얻어진 이자 ··············· ( )
11 KBS 광고료를 지급하였을 때 ··············· ( )

12 7월분 집세를 지급하였을 때 ·· (　　　　)
13 택시요금, 버스교통비를 지급하였을 때 ·· (　　　　)
14 전화요금・인터넷사용료・우표 및 엽서대금을 지급하였을 때 ···················· (　　　　)
15 10월분 전기요금・수도요금・가스료를 지급하였을 때 ······························ (　　　　)

풀이

1. 급　　여 (비용)	2. 이 자 비 용 (비용)
3. 매 출 액 (수익)	4. 세금과공과 (비용)
5. 임 대 료 (수익)	6. 수수료수익 (수익)
7. 상품매출손실 (비용)	8. 소 모 품 비 (비용)
9. 보 험 료 (비용)	10. 이 자 수 익 (수익)
11. 광 고 선 전 비 (비용)	12. 임 차 료 (비용)
13. 여 비 교 통 비 (비용)	14. 통 신 비 (비용)
15. 수 도 광 열 비 (비용)	

제4절 기업의 경영성과를 나타내는 표는 포괄손익계산서이다

(1) 의 의

기업은 경영을 잘했는지를 알기 위해서 일정기간 동안에 발생한 총수익과 총비용을 서로 비교하여 알 수 있다. 이 경우 총수익이 총비용보다 큰 경우는 순이익이 발생한 상황이고 반대의 경우는 순손실이 발생한 경우이다. 포괄손익계산서(statement of income and comprehensive income)는 일정기간 동안 기업의 수익과 비용을 기록하여 당기순손익을 계산하고 이에 기타포괄손익을 가감하여 총포괄손익을 포괄손익계산서 맨 끝부분에 보고하게 된다. 포괄손익계산서는 포괄손익계산서라는 보고서의 명칭, 회사명, 일정한 기간 그리고 통화와 금액단위를 반드시 표시해야 한다.

(2) 포괄손익계산서의 등식

포괄손익계산서는 수익, 비용, 당기순손익, 기타포괄손익 및 총포괄손익으로 구성되어 있다. 이중 수익과 비용을 비교하여 당기손익부분의 재무제표를 손익계산서라고 한다.

손익계산서와 포괄손익계산서의 등식

[손익계산서 등식] 수익 − 비용 = 당기순손익
[포괄손익계산서 등식] (수익 − 비용) + (기타포괄이익 − 기타포괄손실) = 총포괄손익

기초 입문과정이므로 먼저 당기손익부분을 구성하고 있는 손익계산서 등식과 계정식 손익계산서 양식을 확인해 보면 다음과 같다. 손익계산서 양식은 다음과 같이 당기순손익을 계산하는 등식으로부터 도출된다.

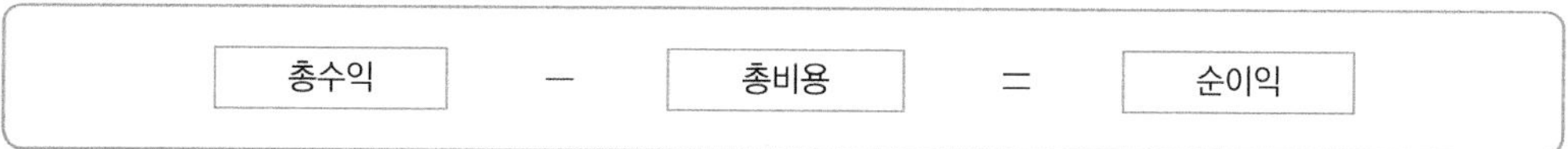

수익은 자본을 증가시키는 요인이고 비용은 자본을 감소시키는 요인이 되므로 재무상태표 양식을 연상해보면 자본은 대변항목이므로 수익도 대변(오른쪽)에 기록해야 한다.

① 당기순이익이 발생하는 경우 손익계산서 등식과 양식

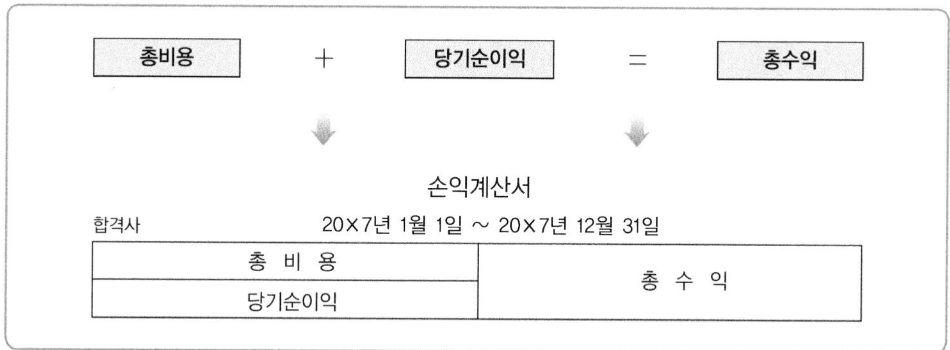

② 당기순손실이 발생하는 경우 손익계산서 등식과 양식

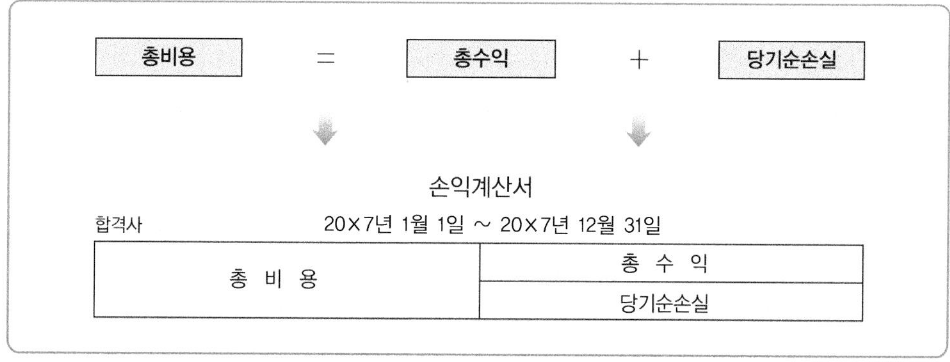

기초다지기 3

다음의 20×7년 합격사의 자료를 이용하여 기타포괄손익이 존재하지 않는 경우 계정식 포괄손익계산서를 작성하시오.

상품매출이익	₩220,000	급　　여	₩40,000	임　차　료	₩20,000
수수료수익	100,000	이자비용	50,000	여비교통비	70,000
임　대　료	90,000	광고선전비	135,000	유형자산처분이익	80,000
수도광열비	75,000				

풀이

포괄손익계산서

합격사　　20×7년 1월 1일 ~ 20×7년 12월 31일

비　용		수　익	
급　　여	40,000	상품매출이익	220,000
광고선전비	135,000	수수료수익	100,000
여비교통비	70,000	임　대　료	90,000
수도광열비	75,000	유형자산처분이익	80,000
임　차　료	20,000		
이자비용	50,000		
당기순이익	100,000		
계	490,000	계	490,000

제5절 당기순손익의 측정

손익을 계산하는 방법은 재무상태 정보를 통하여 계산하는 재산법과 경영성과 정보를 통하여 계산하는 손익법으로 구분된다.

(1) 순자산의 증가는 이익이다

기업의 기초자본과 기말자본을 비교하여 순자산의 증가한 부분은 당기순이익이 되고, 반대로 감소한 부분은 당기순손실이 각각 산출된다.

▶ 순자산 비교법 또는 자본유지접근법이라고 한다.

- 기말자본 – 기초자본 = 당기순이익
- (기말자산 – 기말부채) – (기초자산 – 기초부채) = 당기순이익
- 자산증가분 – 부채증가분 = 당기순이익
  (기말자산 – 기초자산) – (기말부채 – 기초부채) = 당기순이익

[자본거래가 존재하는 경우]

기초자본 + 추가출자 – 인출(또는 배당금) + 당기순이익 = 기말자본

기말자본 – 기초자본 – 추가출자 + 인출(또는 배당금) = 당기순이익

기타포괄손익이 존재하는 경우는 회계원리 기본 과정에서 학습한다.

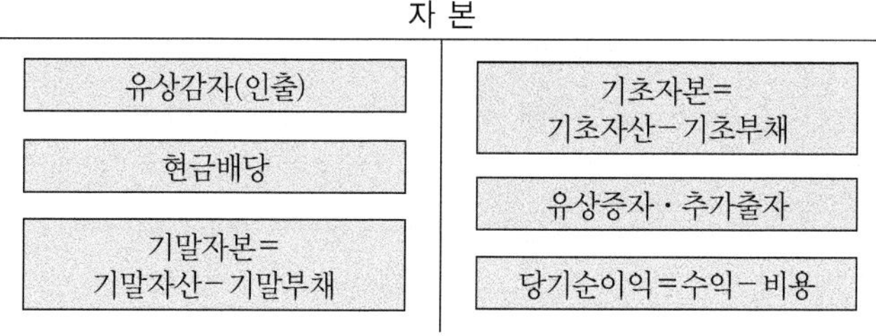

(2) 수익 – 비용 = 이익이다

일정한 기간 동안에 발생한 총수익과 총비용을 비교하여 수익이 비용보다 크면 당기순이익(net income)이 표시되고, 반대로 수익이 비용보다 적으면 당기순손실(net loss)이 표시된다.

손익법 또는 거래접근법이라고 한다.

- 당기순이익 = 총수익 – 총비용
- 당기순손실 = 총비용 – 총수익

(3) 양자의 관계

순자산비교법을 통하여 계산된 당기순손익과 거래접근법을 통하여 계산된 당기순손익은 서로 일치한다.

기초다지기 4

소백상사의 자료는 다음과 같다. ①, ②, ③의 금액을 계산하시오.

기말자산	기말부채	기말자본	기초자본	총비용	총수익	순이익
305,000	115,000	①	145,000	②	385,000	③

풀이 ① 기말자본 = 기말자산 - 기말부채
= 305,000 - 115,000 = ₩190,000
② 총비용 = 총수익 - 당기순이익
= 385,000 - 45,000 = ₩340,000
③ 당기순이익 = 기말자본 - 기초자본
= 190,000 - 145,000 = ₩45,000

기초다지기 5

태백상사의 재무상태와 경영성과에 대한 자료는 다음과 같다. ①, ②, ③, ④에 알맞은 금액은?

기초자산	기초부채	기초자본	기말자산	기말부채	기말자본	총수익	총비용	순이익
750,000	①	400,000	②	250,000	③	500,000	④	200,000

풀이 ① 기초부채 = 기초자산 - 기초자본
= 750,000 - 400,000 = ₩350,000
② 기말자산 = 기말부채 + 기말자본
= 250,000 + 600,000 = ₩850,000
③ 기말자본 = 기초자본 + 당기순이익
= 400,000 + 200,000 = ₩600,000
④ 총비용 = 총수익 - 당기순이익
= 500,000 - 200,000 = ₩300,000

완성형 문제

1 경영성과는 기업의 구매활동, 생산활동, 판매활동, 일반관리 및 부수적인 여러 활동 등에서 발생하는 (   )과 (   )을 파악하여 계산한다.

2 (   )이란 자산의 증가 또는 부채의 감소에 따라 자본의 증가를 초래하는 특정 회계기간 동안에 발생하는 경제적 효익의 증가를 말하며 지분참여자에 의한 출연과 관련된 것은 제외한다.

3 기업의 고객에게 상품을 판매하고 수취하거나 수취할 금액을 (   )이라고 한다.

4 주식을 투자하여 받는 현금배당액을 (   )이라고 한다.

5 타인에게 토지나 건물 등을 빌려주고 받는 수입액은 (   )라고 한다.

6 비용이란 자산의 감소 또는 부채의 증가에 따라 (   )의 감소를 초래하는 특정 회계기간 동안 발생한 경제적 효익의 감소로서 지분참여자에 대한 분배와 관련된 것을 제외한다.

7 판매된 상품의 매입원가를 (   )라고 한다.

8 (   )는 토지나 건물 등을 빌려 사용하고 지급하는 대가를 말한다.

9 차입금이나 사채발행으로 인해 회사가 부담하는 이자를 (   )이라고 한다.

10 (   )는 일정기간 동안 기업의 수익과 총비용을 기록하여 당기순손익을 계산하고 이에 기타포괄손익을 가감하여 총포괄손익을 계산하는 보고서이다.

11 당기순이익이 발생하는 경우 손익계산서 등식은 다음과 같다.

총비용 + (   ) = 총수익

12 순자산을 비교하여 당기순이익을 계산하는 경우 기말자본이 기초자본보다 작은 경우는 (   )이 발생하는 상황이다.

13 회계기간 중에 유상증자가 발생한 경우는 기말자본에서 기초자본을 차감한 후 유상증자를 (   )하면 당기순이익이 계산된다.

1. 수익, 비용
2. 수익
3. 매출액
4. 배당금수익
5. 임대료
6. 자본
7. 매출원가
8. 임차료
9. 이자비용
10. 포괄손익계산서
11. 당기순이익
12. 당기순손실
13. 차감

01 **다음 글의 밑줄 친 부분에 영향을 미치는 거래로 옳은 것은?**

> 기업의 경영활동으로 수익과 비용이 발생하는 경우 자본이 증감한다. 경영활동으로 자본을 증가시키는 요인을 수익이라 하고, 수익을 얻기 위해 희생되는 가치를 비용이라 하는데, 해당 기간의 수익에서 비용을 차감한 잔액을 당기순이익이라고 한다.

① 어음대금 ₩500,000을 현금으로 받다.
② 상품매매 계약금 ₩150,000을 현금으로 받다.
③ 사무실 임차보증금 ₩1,000,000을 현금으로 지급하다.
④ 사채를 액면가로 발행하고 현금 ₩1,500,000을 받다.
⑤ 거래처의 장기대여금에 대한 이자 ₩50,000을 현금으로 받다.

해설 수익항목이 발생하는 거래를 선택하는 문제이다.
① 현금(자산) · 받을어음(자산)
② 현금(자산) · 선수금(부채)
③ 보증금(자산) · 현금(자산)
④ 현금(자산) · 사채(부채)
⑤ 현금(자산) · 이자수익(수익)

02 **다음은 신문기사 내용의 일부분이다. ㉠, ㉡에 해당하는 계정과목은 어느 것인가?**

> 20×2년 10월 1일
> 최근 새로운 소설책의 출시로 인하여 소비자들에게 많은 인기를 얻고 있다고 한다. 출판사들은 신소설의 판매를 위하여 ㉠ TV와 잡지, 그리고 신문에 많은 홍보를 하고 있으나, 이미 도서시장에서는 ㉡ 소설책에 대한 불법 복사물이 판을 치고 있어 작가들의 창작활동에도 많은 타격을 주고 있다고 한다.
> – ○○일보

① ㉠ 광고선전비, ㉡ 저작권　② ㉠ 홍보비, ㉡ 특허권
③ ㉠ 실용신안권, ㉡ 산업재산권　④ ㉠ 광고선전비, ㉡ 라이선스
⑤ ㉠ 도서인쇄비, ㉡ 광고선전비

해설 저작권(무형자산) : 문학, 학술 또는 예술의 범위에 속하는 창작물인 저작물에 대한 배타적 · 독점적 권리를 말한다.

03 **다음은 ○○주식회사 업무일지의 일부이다. A와 B를 회계처리할 때 사용하는 계정과목을 바르게 짝지은 것은?**

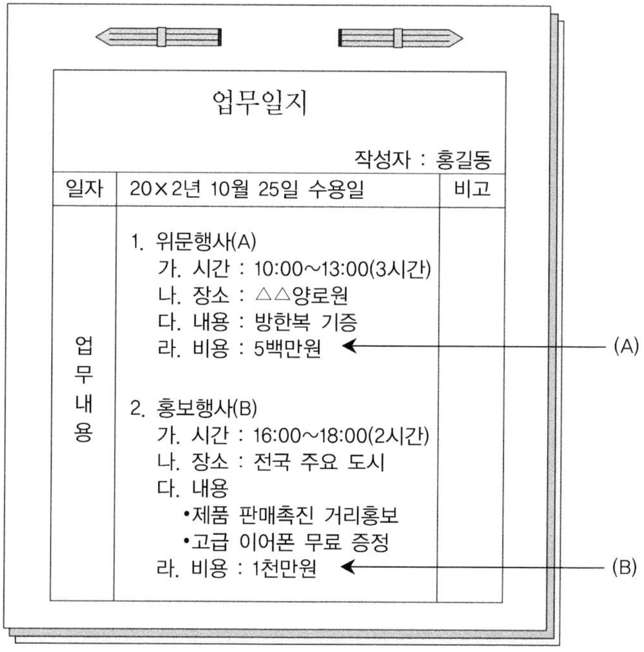
업무일지

작성자 : 홍길동

일자	20×2년 10월 25일 수용일	비고
업무내용	1. 위문행사(A) 가. 시간 : 10:00~13:00(3시간) 나. 장소 : △△양로원 다. 내용 : 방한복 기증 라. 비용 : 5백만원 ← (A) 2. 홍보행사(B) 가. 시간 : 16:00~18:00(2시간) 나. 장소 : 전국 주요 도시 다. 내용 •제품 판매촉진 거리홍보 •고급 이어폰 무료 증정 라. 비용 : 1천만원 ← (B)	

	A	B
①	기 부 금	접 대 비
②	기 부 금	광고선전비
③	접 대 비	기 부 금
④	접 대 비	광고선전비
⑤	광고선전비	기 부 금

해설 (1) A(기부금) : 양로원 방한복 기증은 기부금에 해당한다.
(2) B(광고선전비) : 판매촉진을 위하여 제공한 이어폰은 광고선전비로 판매비와관리비에 해당한다.

정답 03 ②

04 다음은 ○○(주)가 지로공과금을 납부하고 받은 영수증이다. 이를 회계처리할 계정과목으로 옳은 것은?

△△서비스 거래명세표(영수증)	
취급점포	대한은행 한국지점
거래일자	20×2년 5월 29일
거래번호	0410219－00－××
계좌번호	1234－01－××××
요금종류(거래내용)	지로공과금 납부
(주) □□가스 △△전력공사	153,000원 290,000원
합 계	443,000원
거래 후 잔액	1,563,270원
장 애 내 용	
합격은행	

① 잡손실
② 통신비
③ 소모품비
④ 광고선전비
⑤ 수도광열비

해설 가스사용료와 전력료는 수도광열비계정으로 처리한다.

05 다음은 ○○주식회사가 사무용으로 사용할 물품을 구입하고 받은 영수증이다. 내역을 보고 관련된 차변 계정과목으로 옳은 것은? (단, 비용계정으로 회계처리한다)

No. xx 영수증(공급받는자용)
○○주식회사 귀하

공급자	사업자 등록번호	108－××－×××××		
	상 호	○○문구	성명	김○○ ㊞
	사업장 소재지	××××		
	업 태	소 매	종목	문구류

작성년월일	공급대가총액	비고
20×2. 11. 16.	₩100,000	

월일	품 목	수 량	단 가	공급대가(금액)
11/16	장 부	10	8,000	80,000
	복사용지	10	2,000	20,000
	합 계			₩100,000

정답 04 ⑤ 05 ④

① 매 입　　② 매 출
③ 매출원가　　④ 소모품비
⑤ 감가상각비

해설 장부나 복사용지를 구입하는 경우에는 소모품비로 처리한다.

06 다음 대화에서 교사의 질문 중 (가)의 내용으로 옳은 것은?

> 교사 : (가) 계정으로 회계처리하는 예를 들어 보세요.
> 철수 : 인터넷 통신 사용료가 해당되지요.
> 영희 : 전화 및 팩스 요금도 포함됩니다.
> 길동 : 택배 요금도 포함됩니다.
> 교사 : 철수와 영희가 바르게 이해하고 있네요.

① 통신비　　② 운반비
③ 이자비용　　④ 세금과공과
⑤ 수도광열비

해설 통신비는 기업이 영업활동을 수행하기 위해 지출된 전화, 우편, 인터넷통신 사용료 등이 포함된다. 택배요금은 운반비계정으로 처리한다.

07 그림은 인터넷 통신판매에 관한 학생들의 대화이다. 이를 통하여 알 수 있는 내용으로 옳은 것은?

정답 06 ① 07 ⑤

① 매출액은 ₩90,000이다. ② 임차료는 ₩10,000이다.
③ 자본금은 ₩50,000이다. ④ 매출원가는 ₩100,000이다.
⑤ 상품매출이익은 ₩60,000이다.

해설 (1) 기초자본금 : ₩100,000
(2) 매입액 : ₩90,000
(3) 매출액 : ₩150,000
(4) 매출운임 : ₩10,000
(5) 매출이익 = 매출액 - 매출원가 = 150,000 - 90,000 = ₩60,000
(6) 영업이익 = 매출총이익 - 판매비와관리비
= 60,000 - 10,000 = ₩50,000

08 일정기간에 있어서 기업의 경영성과를 나타내는 재무제표는?

① 재무상태표 ② 포괄손익계산서
③ 이익잉여금처분계산서 ④ 현금흐름표
⑤ 영업보고서

해설 포괄손익계산서 : 일정기간의 기업의 경영성과(영업성적)를 나타내는 일람표이다.
재무상태표 : 일정시점의 기업의 재무상태를 나타내는 일람표이다.

09 포괄손익계산서에 대한 설명으로 옳은 것은?

① 수익은 주요 경영활동으로서 재화의 판매, 용역의 제공 등의 대가로 발생하는 자본의 감소요인이다.
② 비용은 재화의 생산, 판매, 용역의 제공 등에 따라 발생하는 자본의 증가요인이다.
③ 당기순이익에 해당하는 만큼 현금을 보유하고 있을 것이다.
④ 경영성과를 올바르게 나타내기 위해서는 현금으로 지출된 비용만을 반영한다.
⑤ 일정한 기간 동안의 경영성과를 나타내는 유량개념이다.

해설 수익은 자본을 증가시키는 요인이고, 비용은 자본을 감소시키는 요인이다. 따라서 기업의 경영성과는 발생주의에 의하여 계산되므로 반드시 현금을 수반하는 것은 아니다.

10 다음 중 손익계산서 등식을 바르게 표시한 것은?

① 순이익 = 총수익 + 총비용 ② 총비용 + 순이익 = 총수익
③ 자본금 = 총자산 - 총부채 ④ 기말자본 = 기초자본 + 순손실
⑤ 총수익 + 총비용 = 순손실

해설 포괄손익계산서 등식
(1) 총비용 + 당기순이익 = 총수익
(2) 총비용 = 총수익 + 당기순손실

 08 ② 09 ⑤ 10 ②

11 **다음 중 포괄손익계산서 항목이 아닌 것은?**

① 이자수익 ② 미지급임차료
③ 급 여 ④ 광고선전비
⑤ 임대료

해설 미지급임차료는 부채항목으로 재무상태표 항목이다.

12 **수익총액이 ₩294,000, 비용총액이 ₩230,000일 때 기초자본액이 ₩490,000이라면 기말 자본액은 얼마인가?**

① ₩554,000 ② ₩490,000
③ ₩294,000 ④ ₩230,000
⑤ ₩784,000

해설 (1) 당기순이익 : 총수익－총비용＝294,000－230,000＝₩64,000
(2) 기말자본 : 기초자본＋당기순이익＝490,000＋64,000＝₩554,000

13 **20×2년 1월 1일 ₩1,500,000을 출자하여 개업한 합격상사의 12월 31일 재무상태가 다음과 같을 때 순손익은?**

• 현 금	₩250,000	• 외상매입금	₩300,000
• 상 품	500,000	• 선 수 금	150,000
• 외상매출금	500,000	• 건 물	800,000
• 선 급 금	200,000	• 단기차입금	100,000

① ₩100,000 ② ₩200,000
③ ₩300,000 ④ ₩400,000
⑤ ₩500,000

해설 1월 1일 ₩1,500,000을 출자한 금액은 기초자본이 된다.
(1) 기말자본 : 기말자산－기말부채＝2,250,000－550,000＝₩1,700,000
1) 기말자산 : 250,000＋500,000＋500,000＋800,000＋200,000＝₩2,250,000
2) 기말부채 : 300,000＋150,000＋100,000＝₩550,000
(2) 당기순이익 : 기말자본－기초자본＝1,700,000－1,500,000＝₩200,000

정답 11 ② 12 ① 13 ②

14 그래프는 20×2년도 ○○주식회사의 재무상태를 나타낸 것이다. 이 자료에서 당기순손익을 계산한 결과로 옳은 것은?

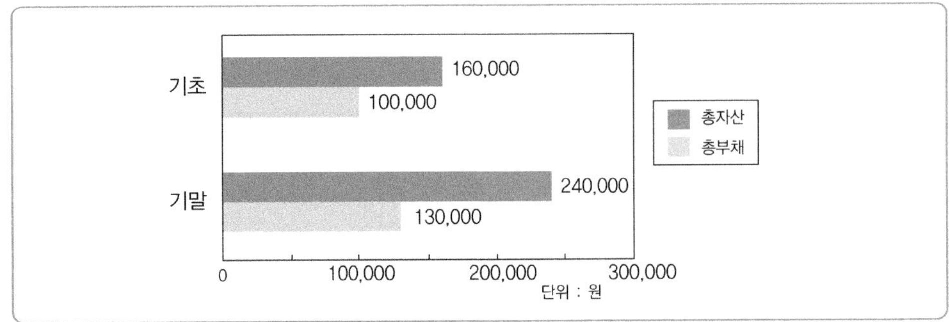

① 당기순이익 ₩50,000
② 당기순손실 ₩50,000
③ 당기순이익 ₩60,000
④ 당기순손실 ₩60,000
⑤ 당기순이익 ₩110,000

해설 (1) 기초자본 = 기초자산 - 기초부채
= 160,000 - 100,000 = ₩60,000
(2) 기말자본 = 기말자산 - 기말부채
= 240,000 - 130,000 = ₩110,000
(3) 당기순이익 = 기말자본 - 기초자본
= 110,000 - 60,000 = ₩50,000

15 다음 자료에 의한 ㉠, ㉡, ㉢의 합계액은?

기말자산	기말부채	기말자본	기초자본	총비용	총수익	순이익
₩610,000	₩230,000	㉠	₩290,000	㉡	₩770,000	㉢

① ₩1,150,000
② ₩1,240,000
③ ₩1,330,000
④ ₩2,100,000
⑤ ₩2,300,000

해설 (1) 기말자본 = 기말자산 - 기말부채
= 610,000 - 230,000 = ₩380,000
(2) 당기순이익 = 기말자본 - 기초자본
= 380,000 - 290,000 = ₩90,000
(3) 총비용 = 총수익 - 당기순이익
= 770,000 - 90,000 = ₩680,000
(4) ㉠ + ㉡ + ㉢ = 기말자본 + 총비용 + 당기순이익
= 380,000 + 680,000 + 90,000 = ₩1,150,000

정답 14 ① 15 ①

16 갑기업의 1회계기간의 재무상태와 영업성과는 다음과 같다. 갑기업의 기초자본은?

• 기말자산	₩3,000,000	• 기말부채	₩500,000
• 수익총액	₩2,800,000	• 비용총액	₩2,300,000

① ₩2,500,000 ② ₩2,000,000
③ ₩2,200,000 ④ ₩3,000,000
⑤ ₩4,000,000

해설 (1) 기말자본 = 기말자산 − 기말부채
= 3,000,000 − 500,000 = ₩2,500,000
(2) 당기순이익 = 수익총액 − 비용총액
= 2,800,000 − 2,300,000 = ₩500,000
(3) 기초자본 = 기말자본 − 당기순이익
= 2,500,000 − 500,000 = ₩2,000,000

17 그림은 ○○기업의 재무상태와 경영성과를 나타낸 것이다. 이를 이용하여 기초자본을 계산한 것으로 옳은 것은?

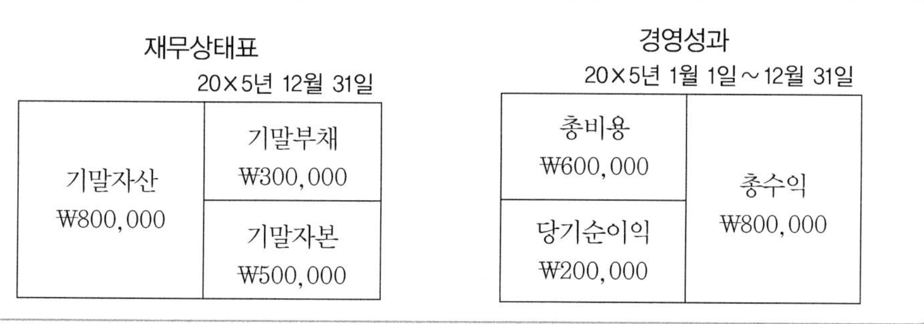

① ₩200,000 ② ₩300,000
③ ₩400,000 ④ ₩500,000
⑤ ₩600,000

해설 기초자본 = 기말자본 − 당기순이익 = 500,000 − 200,000 = ₩300,000

18 다음 자료는 합격회사의 자료이다. 기초부채는?

• 기초 자산총액	₩85,000	• 기말 자산총액	₩72,000
• 기말 부채총액	30,000	• 총 수 익	60,000
• 총 비 용	68,000		

정답 16 ② 17 ② 18 ②

① ₩42,000
② ₩35,000
③ ₩43,000
④ ₩30,000
⑤ ₩45,000

(1) 기말자본 = 기말자산 − 기말부채
= 72,000 − 30,000 = ₩42,000
(2) 당기순손실 = 총비용 − 총수익
= 68,000 − 60,000 = ₩8,000
(3) 기초자본 = 기말자본 + 당기순손실
= 42,000 + 8,000 = ₩50,000
(4) 기초부채 = 기초자산 − 기초자본
= 85,000 − 50,000 = ₩35,000

19 **다음 자료에 의하여 기초의 부채총액을 계산하면 얼마인가?**

- 기말 자산총액 : ₩3,000,000
- 기말 부채총액 : ₩1,600,000
- 기초 자산총액 : 1,400,000
- 당기 중 유상증자액 : 200,000
- 당기 수익총액 : 6,000,000
- 당기 비용총액 : 5,600,000

① ₩200,000
② ₩400,000
③ ₩600,000
④ ₩800,000
⑤ ₩1,000,000

(1) 기말자본 = 3,000,000 − 1,600,000 = ₩1,400,000
(2) 당기순이익 = 6,000,000 − 5,600,000 = ₩400,000
(3) 기초자본 = 1,400,000 − 400,000 − 200,000 = ₩800,000
(4) 기초부채 = 기초자산 − 기초자본 = 1,400,000 − 800,000 = ₩600,000

20 **(주)합격의 제10기(회계연도 20×2. 1. 1~12. 31) 재무자료는 다음과 같다. 기중에 배당금 지급 및 자본금의 변동은 없었다. 자산의 기초잔액을 계산하면 얼마인가?**

- 자산 : 기초잔액 (　　　), 기말잔액 1,500억 원
- 부채 : 기초잔액 700억 원, 기말잔액 950억 원
- 연간 수익발생액 : 2,000억 원
- 연간 비용발생액 : 2,050억 원

① 1,300억 원
② 1,200억 원
③ 1,000억 원
④ 900억 원
⑤ 800억 원

19 ③ 20 ①

해설 (1) 당기순손실 : 총비용－총수익＝2,050 － 2,000 ＝ 50억 원
(2) 기말자본 : 기말자산 － 기말부채 ＝ 1,500억 원 － 950억 원 ＝ 550억 원
(3) 기초자본 : 기말자본 ＋ 순손실 ＝ 550억 원 ＋ 50억 원 ＝ 600억 원
(4) 기초자산 : 기초부채 ＋ 기초자본 ＝ 700억 원 ＋ 600억 원 ＝ 1,300억 원

21 개인 기업인 ○○상점의 재무상태이다. 옳은 설명을 〈보기〉에서 모두 고른 것은?

[20×2년 1월 1일 기초 재무상태]

• 현　　금	₩50,000	• 상　　품	₩40,000
• 외상매출금	₩10,000	• 외상매입금	₩30,000
• 단기차입금	₩20,000		

[20×2년 12월 31일 기말 재무상태]

• 현　　금	₩70,000	• 상　　품	₩50,000
• 선 급 금	₩10,000	• 외상매입금	₩40,000
• 장기차입금	₩20,000		

보 기

㉠ 당기순이익의 발생
㉡ 기초 대비 기말자본의 감소
㉢ 기초 대비 기말부채의 증가

① ㉠　　② ㉡
③ ㉠, ㉡　　④ ㉠, ㉢
⑤ ㉡, ㉢

해설 (1) 기초자본＝기초자산－기초부채
＝100,000－50,000＝₩50,000
(2) 기말자본＝기말자산－기말부채
＝130,000－60,000＝₩70,000
(3) 당기순이익＝기말자본－기초자본
＝70,000－50,000＝₩20,000
따라서 기초자본보다 당기순이익만큼 기말자본이 증가한다.

정답 21 ④

22 다음 자료에 의하여 기말부채를 구하면?

• 기초자본	₩120,000	• 유 상 증 자	₩30,000
• 기말자산	₩300,000	• 당기순이익	₩80,000
• 기말부채	(　　　　)	• 배당금지급	₩30,000

① ₩95,000　② ₩100,000
③ ₩120,000　④ ₩150,000
⑤ ₩170,000

(1) 기말자본 = 기초자본 + 유상증자 − 배당금 지급 + 당기순이익
= 120,000 + 30,000 − 30,000 + 80,000
= ₩200,000

(2) 기말부채 = 기말자산 − 기말자본
= 300,000 − 200,000 = ₩100,000

정답 22 ②

Chapter 04 거래 - 무엇을 기록할 것인가?

제1절 거래의 의의

기업은 현금의 차입, 건물이나 비품의 구입, 상품의 매매 등과 같은 경영활동 등을 통해서 기업의 자산·부채·자본에 영향을 미치게 된다. 이와 같은 경영활동 중에서 장부에 기록할 대상을 거래라고 한다. 즉, 거래(transaction)란 기업의 자산, 부채 또는 자본의 변동을 초래하면서 변동금액을 화폐단위로 신뢰성 있게 측정할 수 있는 사건을 말한다.

제2절 회계상의 거래

회계상의 거래는 일상적으로 생각되는 거래와 반드시 일치하는 것은 아니므로 이를 주의해야 한다.

회계상 거래		
• 건물 등의 화재 • 도난 및 파손 • 건물이나 기계장치 등 가치하락 • 파산으로 인해 채권 회수불능	• 상품매매 거래 • 기계장치 구입	• 상품주문 • 매입계약 • 종업원 채용 • 담보제공
	일반적 거래	

기초다지기 1

다음 중 회계상 거래인지를 구분하시오.

01 상품 ₩1,000,000을 외상으로 매입하다.
02 합격상사에서 기계장치 ₩500,000을 현금으로 매입하다.
03 창고에 보관 중인 상품 ₩300,000을 도난당하다.
04 건물을 월세 ₩420,000을 주기로 하고 1년간 임대차계약을 맺다.
05 현금 ₩1,000,000과 건물 ₩400,000을 출자하여 상품 매매업을 시작하다.
06 통신비 발생분 ₩350,000을 납부하지 못하였다.
07 결산시 영업용 건물・비품에 대하여 ₩250,000의 감가상각을 하다.
08 상품 ₩200,000을 매출하고, 대금은 1개월 후 받기로 하다.
09 상품 ₩2,000,000을 창고회사에 보관시키다.

풀이 주문 · 채용 · 계약 · 단순한 보관 등은 회계상 거래가 아니다.
- 회계상의 거래가 아닌 것 : 4, 9
- 회계상의 거래인 것 : 1, 2, 3, 5, 6, 7, 8

제3절 거래의 결합관계

(1) 거래요소의 결합관계

회계상 거래는 자산・부채・자본의 증감변화를 가져오는 것이므로 모든 거래는 자산의 증가와 감소, 부채의 증가와 감소, 자본의 증가와 감소 그리고 수익과 비용의 발생으로 이루어진다. 따라서 이를 일정한 원리원칙으로 기록하기 위하여 각 항목의 증감변화를 왼쪽(차변)과 오른쪽(대변)에 재무상태표와 손익계산서 등식을 기초하여 결합관계가 만들어진다.

[재무상태표 등식] 자산 = 부채 + 자본
[손익계산서 등식] 총비용 + 당기순이익 = 총수익

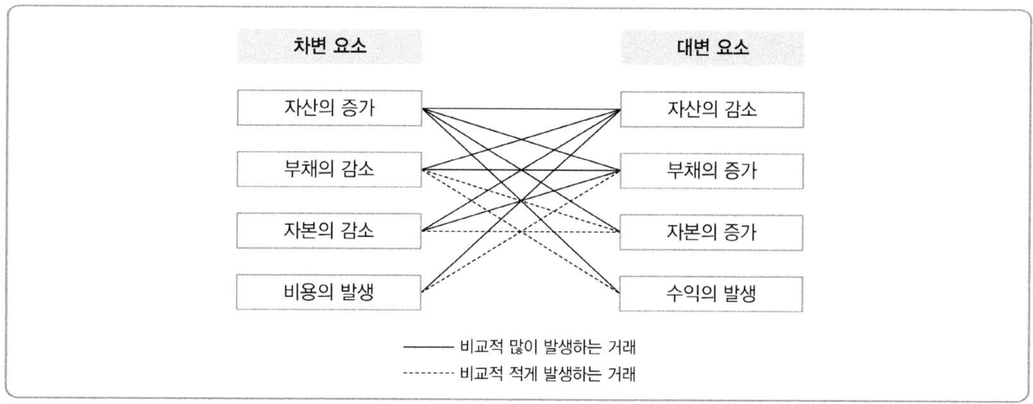

위의 표 왼쪽에 위치한 차변요소는 자산의 증가, 부채의 감소, 자본의 감소, 비용의 발생이며 오른쪽에 위치한 대변요소는 자산의 감소, 부채의 증가, 자본의 증가, 수익의 발생이라는 것을 알 수 있다. 이와 같은 거래요소는 차변요소와 대변요소의 결합관계로 이루어지며 동일한 차변요소나 대변요소로 결합하지 않는다. 거래의 결합관계에서 가장 자주 발생하는 자산의 증가 및 감소와 결합될 수 있는 거래요소를 살펴보도록 한다.

자산의 증가와 결합되는 거래요소

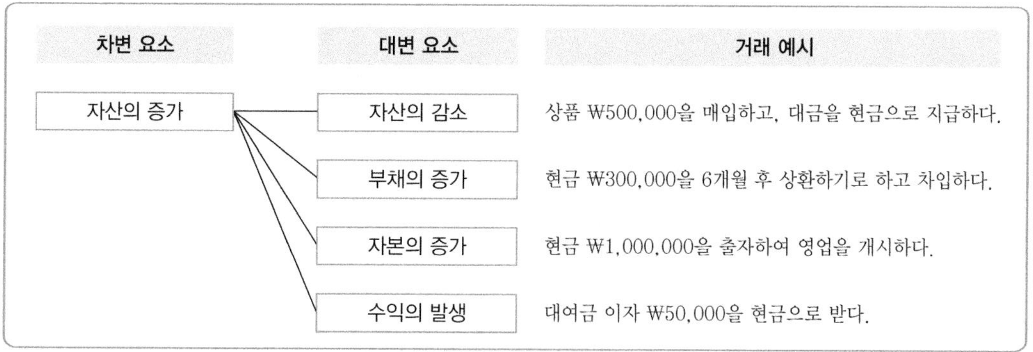

자산의 감소와 결합되는 거래요소

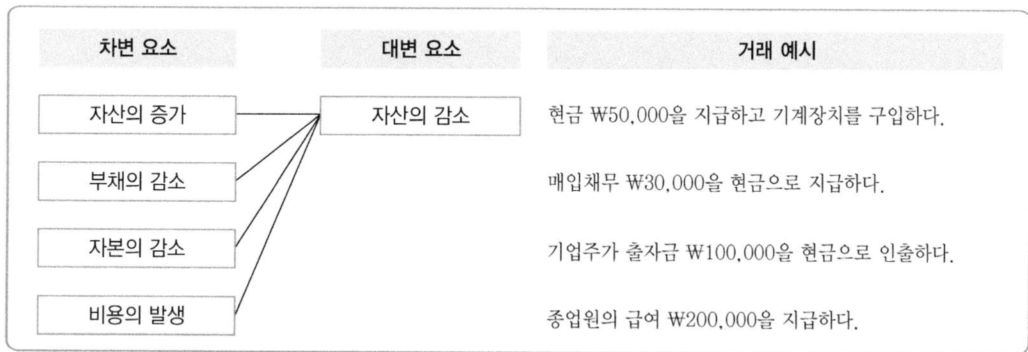

제4절 거래의 이중성과 대차평균의 원리

거래의 이중성(또는 양면성)은 복식부기의 기본원리로서 어떤 거래이든 자산이나 부채 또는 자본의 변동을 초래하는 원인과 그 결과라는 두 가지 속성이 함께 들어 있다는 것을 의미한다. 즉, 자산이 증가하면 동시에 다른 자산이 감소하든지 부채가 증가하거나 자본의 증가를 가져온다는 것이다. 예를 들면 '현금 10만 원으로 기계장치를 구입한 경우 '현금이라는 자산의 감소 10만 원과 기계장치라는 자산의 증가 10만 원으로 구성되어 있다는 것이다. 즉, 대립되는 양쪽은 서로 원인이 되고 결과도 되며 어떤 거래가 발생하더라도 양쪽에 동일한 금액으로 이중적으로 기입하는 것을 의미한다. 따라서 회계상 거래는 원인과 결과라는 두 개의 얼굴을 가지고 있는 이중성 또는 양면성을 지니고 있다.

회계상 거래 : 기계장치 ₩100,000을 현금으로 매입하다.

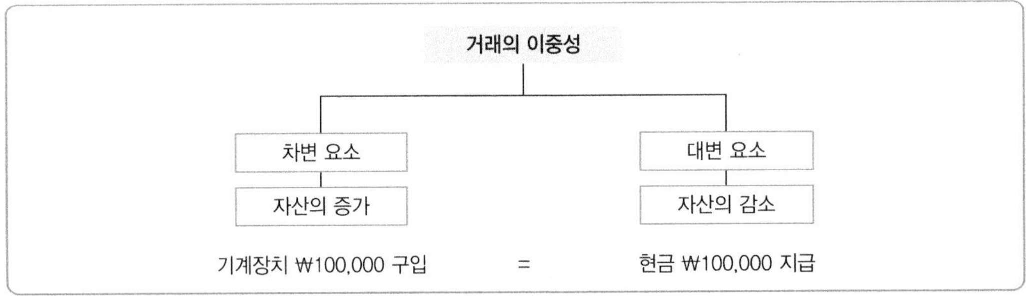

따라서 모든 거래를 이중성에 의하여 기입하면 차변합계와 대변합계가 반드시 일치하게 되는데, 이를 대차평균의 원리(principle of equilibrium)라고 한다. 또한 거래의 이중성과 대차평균원리를 전 계정의 차변합계와 대변합계를 비교하여 일치성 여부를 확인함으로써 그 기록・계산의 정확성을 자동적으로 검증할 수 있게 되는데, 이를 복식부기의 자기검증기능(self-control function)이라고 한다.

제5절 거래의 분류

(1) 손익의 발생 유무에 따른 분류

① 교환거래

교환거래(exchange transactions)는 자산・부채・자본 간의 증감변화를 가져오고 수익・비용이 발생하지 않는 거래를 말한다.

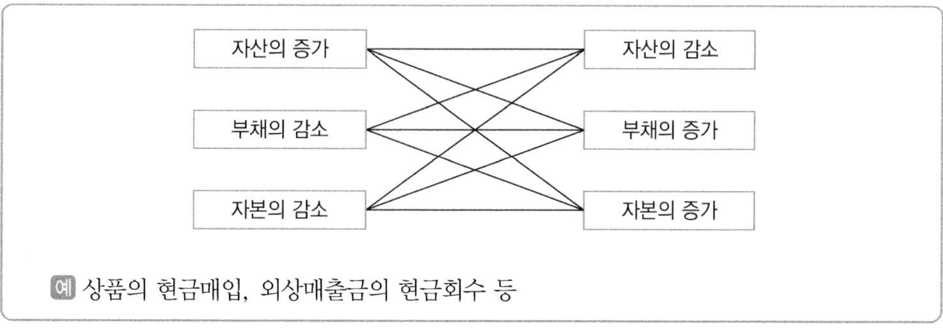

② 손익거래

손익거래(profit and loss transactions)는 수익이나 비용이 발생하는 거래를 말한다. 즉, 차변이나 대변 어느 한 쪽이라도 수익 또는 비용이 발생하는 거래를 말한다.

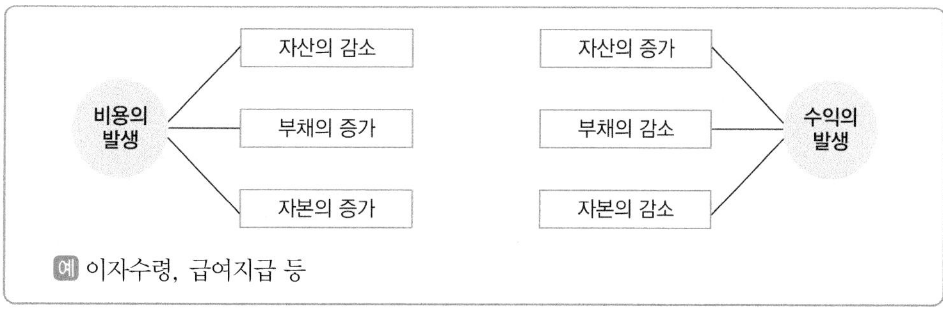

③ 혼합거래

혼합거래(mixed transactions)는 교환거래와 손익거래가 혼합되어 있는 거래를 말한다. 즉, 거래의 일부가 수익 또는 비용이 되는 거래이다.

예 차입금과 이자의 지급, 상품을 원가 이상으로 판매하는 경우 등

(2) 현금수반 여부에 따른 분류

현금을 수반하는 입금거래와 출금거래로 구분되는 현금거래와 현금이 수반되지 않는 대체거래로 분류된다. 대체거래의 경우 현금이 전혀 수반되지 않는 전부대체거래와 일부 수반되는 일부대체거래로 구분된다.

(3) 발생장소에 따른 분류

내부거래는 기업 내부에서 발생하는 거래를 말하며 본점과 지점 간의 거래, 결산정리 등이 해당된다. 또한 외부거래는 기업 외부에서 발생하는 거래를 말하며 외부와의 구매 및 판매활동 등을 통한 거래를 말한다.

기초다지기 2

다음 거래의 거래결합관계를 제시하고 교환거래 · 손익거래 · 혼합거래로 구분하시오.

01 현금 ₩200,000과 건물 ₩1,000,000을 출자하여 영업을 시작하다.

02 급여 ₩1,750,000을 수표를 발행하여 지급하다.

03 외상매출금 ₩250,000을 현금으로 회수하다.

04 원가 ₩100,000의 상품을 ₩150,000에 현금으로 매출하다.

05 통신비 ₩280,000을 현금으로 납부하다.

06 단기대여금에 대한 이자 ₩5,000을 현금으로 받다.

07 현금 ₩170,000을 은행에 당좌예금으로 예입하다.

08 상품 ₩380,000을 매입하고, 대금 중 ₩180,000은 현금으로 지급하고, 잔액은 외상으로 하다.

09 단기차입금 ₩300,000과 이자 ₩7,000을 현금으로 지급하다.

10 이자 미지급분 ₩250,000을 추가로 계상하다.

풀이

	차변	금액	대변	금액	구분
1.	(차) 자산증가	1,200,000	(대) 자본증가	1,200,000	⇨ 교환거래
2.	(차) 비용발생	1,750,000	(대) 자산감소	1,750,000	⇨ 손익거래
3.	(차) 자산증가	250,000	(대) 자산감소	250,000	⇨ 교환거래
4.	(차) 자산증가	150,000	(대) 자산감소	100,000	
			수익발생	50,000	⇨ 혼합거래
5.	(차) 비용발생	280,000	(대) 자산감소	280,000	⇨ 손익거래
6.	(차) 자산증가	5,000	(대) 수익발생	5,000	⇨ 손익거래
7.	(차) 자산증가	170,000	(대) 자산감소	170,000	⇨ 교환거래
8.	(차) 자산증가	380,000	(대) 자산감소	180,000	
			부채증가	200,000	⇨ 교환거래
9.	(차) 부채감소	300,000	(대) 자산감소	307,000	⇨ 혼합거래
	비용발생	7,000			
10.	(차) 비용발생	250,000	(대) 부채증가	250,000	⇨ 손익거래

완성형 문제

1 회계상의 거래란 기업의 (   ), (   ) 또는 (   )의 변동을 가져오며 변동금액을 화폐단위로 신뢰성 있게 측정할 수 있는 사건을 말한다.

2 자산의 증가, 부채의 감소는 (   )요소이고, 자본의 증가, 수익의 발생은 (   )요소이다.

3 복식부기의 기본원리로서 어떤 거래든 자산이나 부채 또는 자본의 변동을 초래하는 원인과 그 결과라는 두 가지 속성이 함께 들어 있다는 것을 (   )이라고 한다.

4 회계상 모든 거래를 이중성에 의하여 기입하면 차변합계와 대변합계가 반드시 일치하게 되는데 이를 (   )라고 한다.

5 거래는 손익의 발생 유무에 따라 교환거래, (   ) 그리고 혼합거래로 구분된다.

6 외상매출금을 현금으로 회수한 경우는 (   )거래에 해당된다.

7 차입금의 원금과 이자를 현금으로 지급한 경우는 (   )거래에 해당된다.

1. 자산, 부채, 자본
2. 차변, 대변
3. 거래의 이중성
4. 대차평균의 원리
5. 손익거래
6. 교환
7. 혼합

선다형 문제

01 **다음에서 회계상 거래에 해당하는 것들로만 짝지어진 것은?**

> ㉠ 원료 ₩100,000인 상품을 매입하기로 계약을 체결하다.
> ㉡ ₩1,000,000 상당의 에어컨을 기증받다.
> ㉢ 화재로 인하여 시가 ₩400,000의 상품이 소실되다.
> ㉣ 월 급여 ₩250,000을 주기로 하고 종업원을 채용하다.
> ㉤ 1년분 보험료 ₩600,000을 미리 선급하다.
> ㉥ ₩500,000의 채무를 면제받다.

① ㉡, ㉢, ㉤, ㉥
② ㉢, ㉤, ㉥
③ ㉠, ㉢, ㉣, ㉤
④ ㉡, ㉢ ,㉣
⑤ ㉠, ㉡, ㉢, ㉣, ㉤

해설 상품매매 계약 · 주문 · 채용 등은 회계상의 거래에 해당되지 않는다.

02 **다음 회계상의 거래에 대한 설명 중 틀린 내용을 말한 사람은?**

> 갑 : 상품의 주문이나 임대계약 등은 재산의 증감요인이 없으므로 회계상의 거래가 아니야.
> 을 : 그렇다면 화재발생이나 태풍으로 인한 손실은 재산이 감소되었으니 회계상의 거래로 보아야 되겠네!
> 병 : 그러나 반드시 기업의 자산, 부채, 자본, 수익, 비용의 증감 또는 변화를 전혀 일으키지 않아도 회계상의 거래로 볼 수 있어.
> 정 : 글쎄? 하여간 사원의 고용계약은 회계상의 거래로 볼 수 없지.

① 갑
② 을
③ 병
④ 정
⑤ 갑, 정

해설 회계상의 거래란 기업의 경영활동 중 자산, 부채, 자본의 증감 또는 변화가 일어나고 객관적으로 측정이 가능하여야만 한다.

정답 01 ① 02 ③

03 **다음 중 교환거래에 속하는 것은?**

① 차입금에 대한 이자 ₩30,000을 현금으로 지급하다.
② 외상매입금 ₩200,000을 매출처에서 받은 자기앞수표로 지급하다.
③ 원가 ₩25,000의 상품을 ₩30,000에 매출하고 대금은 외상으로 하다.
④ 대여금 ₩3,000,000과 그에 대한 이자 ₩30,000을 현금으로 받아 즉시 당좌예입하다.
⑤ 급여 ₩300,000을 현금으로 지급하다.

해설 교환거래는 자산 · 부채 · 자본항목끼리만 결합된 거래이다.
(차) 부채의 감소 200,000 (대) 자산의 감소 200,000
①⑤ : 손익거래, ③④ : 혼합거래

04 **급여 ₩1,500,000 중 ₩1,000,000은 현금으로 지급하고, 잔액은 다음달에 지급하기로 한 경우 거래의 종류는?**

① 교환거래 ② 손익거래
③ 혼합거래 ④ 대체거래
⑤ 외부거래

해설 (차) 비용의 발생 1,500,000 (대) 자산의 감소 1,000,000
부채의 증가 500,000

05 **혼합거래에 속하는 거래는?**

① 현금 ₩1,000,000과 건물 ₩3,000,000을 출자하여 영업을 개시하다.
② 상품 ₩300,000을 매입하고, 대금 중 ₩200,000은 현금으로 지급하고 잔액은 외상으로 하다.
③ 단기차입금 ₩500,000과 이자비용 ₩50,000을 현금으로 지급하다.
④ 전기료 ₩30,000과 전화료 ₩20,000을 당좌수표를 발행하여 지급하다.
⑤ 외상매출금 ₩500,000을 현금으로 회수하다.

해설 회계처리

① 교환거래	(차) 자산의 증가	4,000,000	(대) 자본의 증가	4,000,000
② 교환거래	(차) 자산의 증가	300,000	(대) 자산의 감소	200,000
			부채의 증가	100,000
③ 혼합거래	(차) 부채의 감소	500,000	(대) 자산의 감소	550,000
	비용의 발생	50,000		
④ 손익거래	(차) 비용의 발생	50,000	(대) 자산의 감소	50,000
⑤ 교환거래	(차) 자산의 증가	500,000	(대) 자산의 감소	500,000

정답 03 ② 04 ② 05 ③

06 다음 자료에 대한 설명으로 옳은 것은?

(가) 차입금에 대한 이자 ₩100,000을 현금으로 지급하다.
(나) 거래처로부터 상품 ₩500,000을 매입하기로 계약하고, 계약금액의 20%를 현금으로 지급하다.

① (가)는 교환거래이다.
② (나)는 혼합거래이다.
③ (가)와 (나)는 손익거래이다.
④ (가)는 (차변)부채의 감소, (대변)자산의 감소로 결합된다.
⑤ (나)는 (차변)자산의 증가, (대변)자산의 감소로 결합된다.

해설 (가)는 손익거래로서 거래요소의 결합관계는 (차) 비용의 발생 (대) 자산의 감소로 표시된다.
(나)는 교환거래로서 거래요소의 결합관계는 (차) 자산의 증가 (대) 자산의 감소로 표시된다.

07 다음 분개장에 기입된 거래에 대한 설명으로 옳은 것을 〈보기〉에서 고른 것은?

분 개 장

월	일	적 요	원면	차변	대변
7	28	제 좌 (현금)			100,000
		(수도광열비)	생	70,000	
		(세금과공과)	략	30,000	
		수도요금과 자동차세 현금 지급			

〈보 기〉

㉠ 교환거래이다. ㉡ 손익거래이다.
㉢ 자산을 증가시킨다. ㉣ 당기순이익을 감소시킨다.

① ㉠, ㉢ ② ㉠, ㉣
③ ㉡, ㉢ ④ ㉡, ㉣
⑤ ㉢, ㉣

해설 (차) 수도광열비(비용의 발생) 70,000 (대) 현금(자산의 감소) 100,000
세금과공과(비용의 발생) 30,000
비용항목이 존재하므로 손익거래이고, 비용은 당기순이익을 감소시킨다.

정답 06 ⑤ 07 ④

08 **다음 내용에서 ( ) 안에 알맞은 것은?**

> 회계상의 거래에 대한 내용을 분석하여 보면, 자산·부채·자본 및 수익·비용 중의 어떤 항목이라도 차변요소와 대변요소가 같은 금액으로 양쪽에 결합되고 있음을 알 수 있는데, 이러한 성질을 ( )(이)라고 한다.

① 거래의 8요소 ② 대차평균의 원리
③ 거래의 이중성 ④ 분개의 법칙
⑤ 자기검증기능

해설 거래의 이중성이란 차·대 양쪽 요소가 같은 금액으로 양쪽에 결합되어 있는 성질을 말한다.

09 **다음 거래에 대한 거래요소의 결합관계가 바르게 표시된 것은?**

> 상품 ₩100,000을 매입하고, 그 대금은 수표를 발행하여 지급하다.

① 자산의 증가－부채의 증가 ② 자산의 감소－자본의 증가
③ 자산의 감소－자산의 증가 ④ 자산의 증가－자산의 감소
⑤ 비용의 발생－자산의 감소

해설 (차) 자산의 증가(상품) 100,000 (대) 자산의 감소(당좌예금) 100,000

10 **다음 거래요소의 결합형태 중 적절하지 못한 것은?**

	차 변	대 변		차 변	대 변
①	자산의 증가	수익의 발생	②	자산의 증가	비용의 감소
③	비용의 발생	부채의 증가	④	자본의 증가	수익의 발생
⑤	수익의 감소	자산의 감소			

해설 자본의 증가는 대변항목이다.

11 **다음 중 복식부기의 원리와 일치하지 않는 것은?**

① 자산의 감소는 대변에 기록한다. ② 부채의 감소는 차변에 기록한다.
③ 수익의 발생은 차변에 기록한다. ④ 잉여금의 증가는 대변에 기록한다.
⑤ 자본의 감소는 차변에 기록한다.

해설 수익의 발생은 대변에 기록한다.

08 ③ 09 ④ 10 ④ 11 ③

12 (주)합격은 자산계정이 ₩100,000 감소하는 거래가 발생하였다. 다음 중 이 거래와 동시에 발생할 수 있는 것은?

① 비용계정이 ₩100,000이 감소한다.
② 부채계정이 ₩100,000 증가한다.
③ 다른 자산계정이 ₩100,000 증가한다.
④ 수익계정이 ₩100,000 증가한다.
⑤ 자본계정이 ₩100,000 증가한다.

해설 자산의 감소는 대변항목이므로 거래가 성립되기 위해서는 차변항목과 결합되어야 한다.

13 다음 (가), (나)에 해당하는 거래요소의 결합관계로 옳은 것을 〈보기〉에서 고른 것은?

(가) 현금 ₩2,000,000을 출자하여 영업을 시작하다.
(나) 광고선전비 ₩30,000을 자기앞수표로 지급하다.

〈보 기〉

	자 산	부 채	자 본	수 익	비 용
㉠	증가		증가		
㉡		감소		발생	
㉢	감소				발생
㉣		증가			발생

	(가)	(나)		(가)	(나)
①	㉠	㉡	②	㉠	㉢
③	㉡	㉢	④	㉡	㉣
⑤	㉢	㉣			

해설 (가) 현금 ₩2,000,000을 출자하여 영업을 시작하다.
(차) 자산의 증가 2,000,000 (대) 자본의 증가 2,000,000
(나) 광고선전비 ₩30,000을 자기앞수표로 지급하다.
(차) 비용의 발생 30,000 (대) 자산의 감소 30,000

정답 12 ③ 13 ②

14 다음의 대화 중에서 대변에 자산계정으로 처리할 수 없는 말을 한 사람은?

㉠ 사장 : 거래처로부터 현금으로 받은 외상매출금 300,000원을 당좌예금계좌에 입금하시오!
㉡ 차장 : 알겠습니다! 그리고 B회사가 발행하여 받을어음 500,000원이 어제 만기가 되어 오늘 확인한 결과 당좌예금계좌에 입금되었습니다.
㉢ 과장 : 사장님! 6개월 전 A회사에 빌려준 900,000원이 오늘 현금 입금되었습니다.
㉣ 사원 : 그리고 어제 매입한 상품 500,000원에 대해 아직 대금을 지급하지 않았습니다.

① 사 장 ② 차 장
③ 과 장 ④ 사 원
⑤ 사장과 과장

해설 ㉠ 사장 : 당좌예금(차변) · 외상매출금(대변) ㉡ 차장 : 당좌예금(차변) · 받을어음(대변)
㉢ 과장 : 현금(차변) · 단기대여금(대변) ㉣ 사원 : 상품(차변) · 외상매입금(대변)

15 다음 결합관계에 대한 거래내용이 틀린 것은?

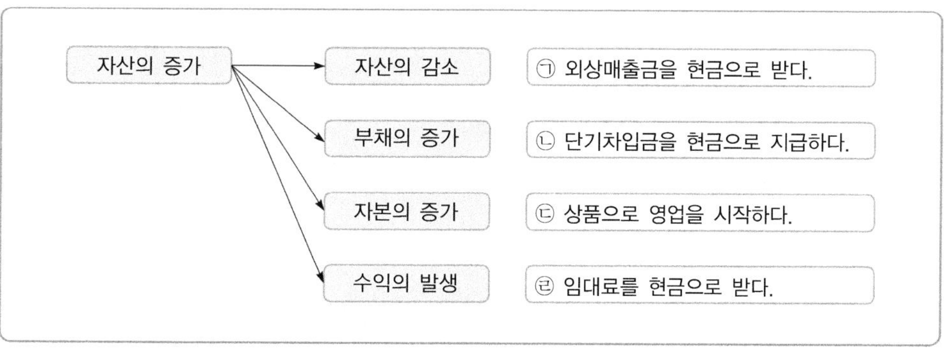

① ㉠ ② ㉡
③ ㉢ ④ ㉣

해설
㉠ (차) 자산의 증가(현 금) (대) 자산의 감소(외상매출금)
㉡ (차) 부채의 감소(단기차입금) (대) 자산의 감소(현 금)
㉢ (차) 자산의 증가(상 품) (대) 자본의 증가(자 본 금)
㉣ (차) 자산의 증가(현 금) (대) 수익의 발생(임 대 료)

정답 14 ④ 15 ②

16 그림은 거래요소 결합관계의 일부를 나타낸 것이다. (가), (나)에 속하는 거래를 〈보기〉에서 고른 것은?

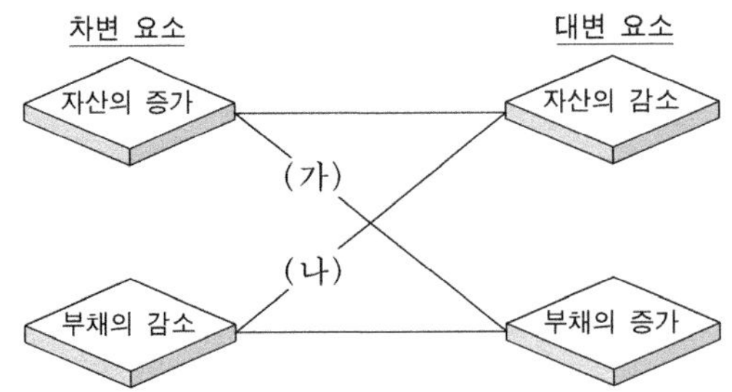

보 기

㉠ 현금 ₩100,000을 은행으로부터 차입하다.
㉡ 외상매입금 ₩50,000을 수표 발행하여 지급하다.
㉢ 상품 ₩200,000을 매입하고 대금은 현금으로 지급하다.

	(가)	(나)		(가)	(나)
①	㉠	㉡	②	㉠	㉢
③	㉡	㉠	④	㉡	㉢
⑤	㉢	㉠			

해설 ㉠ (차) 자산의 증가(현 금) 100,000 (대) 부채의 증가(차 입 금) 100,000
㉡ (차) 부채의 감소(외상매입금) 50,000 (대) 자산의 감소(당좌예금) 50,000
㉢ (차) 자산의 증가(상 품) 200,000 (대) 자산의 감소(현 금) 200,000

17 그림은 거래요소의 결합관계에 대한 수업 장면이다. 선생님의 질문에 대한 답으로 옳은 것은?

정답 16 ① 17 ②

① 급여 ₩80,000을 현금으로 지급하다.
② 현금 ₩70,000을 거래은행에 당좌예입하다.
③ 6개월분 임대료 ₩30,000을 현금으로 받다.
④ 상품 ₩50,000을 매입하고 대금은 외상으로 하다.
⑤ 업무용 책상 ₩20,000을 구입하고 대금은 월말에 지급하기로 하다.

해설
① (차) 비용의 발생(급 여) 80,000 (대) 자산의 감소(현 금) 80,000
② (차) 자산의 증가(당좌예금) 70,000 (대) 자산의 감소(현 금) 70,000
③ (차) 자산의 증가(현 금) 30,000 (대) 수익의 발생(임 대 료) 30,000
④ (차) 자산의 증가(상 품) 50,000 (대) 부채의 증가(외상매입금) 50,000
⑤ (차) 자산의 증가(비 품) 20,000 (대) 부채의 증가(미 지 급 금) 20,000

18 **다음 수업 장면에서 제시된 거래요소의 결합관계에 해당하는 것은?**

① 거래처에 현금 ₩400,000을 대여하다.
② 여비교통비 ₩200,000을 현금으로 지급하다.
③ 현금 ₩500,000을 출자하여 영업을 개시하다.
④ 정기예금에 대한 이자 ₩100,000을 현금으로 받다.
⑤ 영업용 자동차를 ₩1,000,000에 현금으로 구입하다.

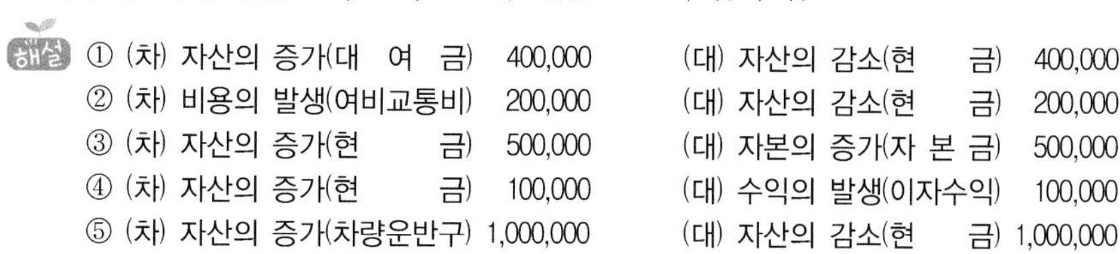
해설
① (차) 자산의 증가(대 여 금) 400,000 (대) 자산의 감소(현 금) 400,000
② (차) 비용의 발생(여비교통비) 200,000 (대) 자산의 감소(현 금) 200,000
③ (차) 자산의 증가(현 금) 500,000 (대) 자본의 증가(자 본 금) 500,000
④ (차) 자산의 증가(현 금) 100,000 (대) 수익의 발생(이자수익) 100,000
⑤ (차) 자산의 증가(차량운반구) 1,000,000 (대) 자산의 감소(현 금) 1,000,000

정답 18 ②

19 다음 결합관계에 대한 거래내용이 일치하는 것은?

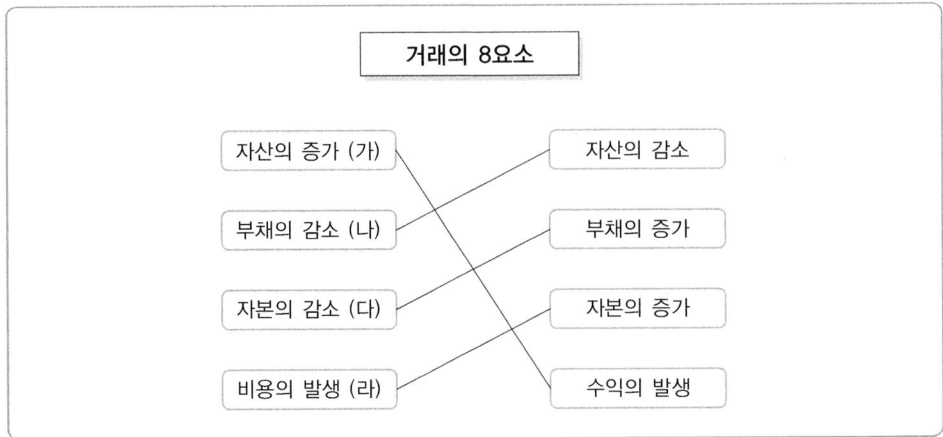

① (가) 외상매입한 상품대금 150,000원을 현금으로 지급하다.
② (나) 발행한 어음이 만기가 되어 어음금액 500,000원을 수표 발행하여 지급하다.
③ (다) 개인기업의 기업주 부담의 재산세 100,000원을 현금으로 지급하다.
④ (라) 현금 300,000원을 출자하여 영업을 시작하다.
⑤ (가) 급여 50,000원을 현금으로 지급하다.

해설

① 부채의 감소 - 자산의 감소 :	(차) 외상매입금	150,000	(대) 현 금	150,000
② 부채의 감소 - 자산의 감소 :	(차) 지급어음	500,000	(대) 당좌예금	500,000
③ 자본의 감소 - 자산의 감소 :	(차) 인 출 금	100,000	(대) 현 금	100,000
④ 자산의 증가 - 자본의 증가 :	(차) 현 금	300,000	(대) 자 본 금	300,000
⑤ 비용의 발생 - 자산의 감소 :	(차) 급 여	50,000	(대) 현 금	50,000

20 다음 중 부채의 증가가 수반되지 않는 거래는?

① 은행으로부터 조달된 1년 후에 상환 예정인 단기차입금
② 2주 후에 지급되는 현금배당을 의결한 경우
③ 보통주 발행으로 토지를 취득하는 경우
④ 사채를 액면가 이하로 발행하는 경우
⑤ 업무용 컴퓨터를 구입하고 월말에 지급하기로 한 경우

해설 다음과 같은 회계처리가 이루어지므로 부채의 증가를 수반하지 않는다.
(차) 자산의 증가(토지) ××× (대) 자본의 증가(자본금) ×××

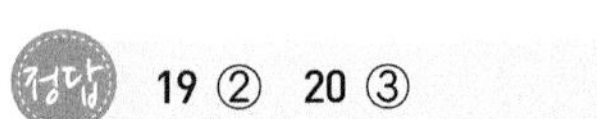

21 다음 대화에 나타난 거래의 회계처리 결과로 옳은 것을 〈보기〉에서 고른 것은?

보 기

㉠ 부채의 증가　　㉡ 자본의 증가
㉢ 자산의 증가　　㉣ 영업이익의 증가

① ㉠, ㉡　　② ㉠, ㉢
③ ㉡, ㉢　　④ ㉡, ㉣
⑤ ㉢, ㉣

해설 (차) 자산의 증가(당좌예금) 300,000,000　　(대) 자본의 증가(자본금) 300,000,000

정답 21 ③

Chapter 05 계정 - 거래의 기록·계산의 단위

제1절 의 의

회계상 거래가 발생하면 기업의 자산·부채·자본의 증감 및 수익·비용이 발생한다. 그러나 단순히 증가와 감소만을 기록하면 거래의 내역을 자세히 알 수 없다. 따라서 회계기간 동안 발생되는 거래들을 항목별로 체계적으로 기록하기 위해 설정한 단위를 계정(accounts: a/c)이라고 한다. 즉, 계정이란 자산, 부채, 자본, 수익, 비용 등에 속하는 항목을 구분하여 증가 또는 감소를 기록하는 단위(장소)라고 할 수 있다.

제2절 계정의 형식

각각 계정의 명칭을 계정과목이라 하며 각 계정의 중앙선을 중심으로 왼쪽과 오른쪽으로 구분되어있는데 회계에서 왼쪽을 차변(debtor: Dr.), 오른쪽을 대변(creditor: Cr.)이라고 부른다. 그리고 계정의 왼쪽에 기입하는 것을 차기라고 하며 이는 차변기입을 뜻한다. 또한 계정의 대변에 기록하는 것을 대기라고 하며 이는 대변기입을 의미한다. 따라서 계정은 중요성에 비추어 유사한 종류나 성질을 가진 항목별로 설정되며, ① 계정과목(title of account), ② 차변 및 ③ 대변의 세 부분으로 구성되어 있다. 계정의 형식은 아래와 같이 표준식, 잔액식, 약식계정이 있지만 수험목적상 단순양식인 T계정이 주로 사용된다.

(1) 표준식 계정

현 금

날 짜	적 요	분 면	금 액	날 짜	적 요	분 면	금 액

(2) 잔액식 계정

현 금

날 짜	적 요	분 면	차 변	대 변	차 또는 대	금 액

(3) 약식 T계정

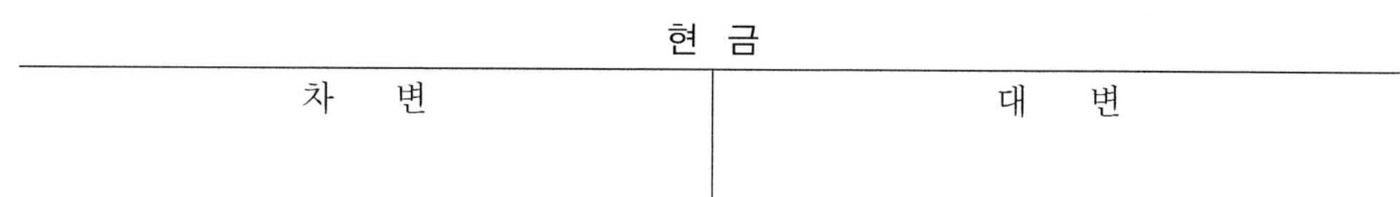

제3절 계정의 분류

재무상태표에 기재되는 자산·부채·자본에 속하는 계정을 재무상태표계정이라 하며, 포괄손익계산서에 기재되는 수익과 비용에 속하는 계정을 포괄손익계산서계정이라고 한다. 계정을 분류하여 보면 다음과 같다.

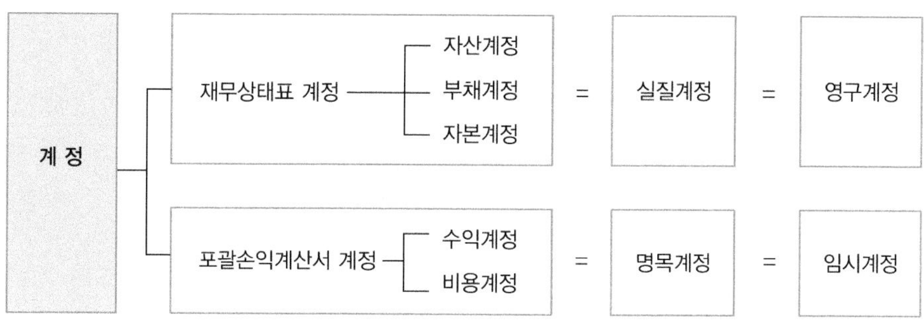

Q&A

Q 실질계정·영구계정과 명목계정·임시계정은 어떤 차이가 있을까?

A 재무상태표계정을 나타내는 자산, 부채, 자본 등은 실질적인 잔액이 존재하는 계정으로 특정시점에 실제로 존재하며 회계연도 말에 잔액은 다음 회계연도로 이월됩니다. 따라서 이를 실질계정(real account) 또는 영구계정(permanent account)이라고도 합니다. 반면에 수익, 비용 등의 포괄손익계산서계정은 결산시 일정기간 동안의 성과 등으로 파악되고 다음 회계연도로 이월되지 않는 명목상의 계정을 의미하므로 명목계정(nominal account) 또는 임시계정(temporary account)이라고 하는 것입니다.

(1) 재무상태표계정

1) 자산계정

① 유동자산

분 류	계정과목	내 용
유동자산	현금및현금성자산	통화(지폐와 주화) 및 통화대용증권(타인발행수표・자기앞수표 등)+보통예금・당좌예금(요구불예금)+현금성 자산
	당기손익-공정가치측정 금융자산	단기적인 매매차익을 목적으로 취득한 유가증권으로서 매수와 매도가 적극적이고 빈번하게 이루어지는 것
	외상매출금	상품을 외상으로 매출하고 발생하는 외상채권
	받을어음	상품을 외상으로 매출하고 수취한 어음상 채권
	매출채권	외상매출금과 받을어음의 합한 금액
	단기대여금	1년 이내에 회수 예정인 대여금
	미수금	일반적인 상거래 이외의 거래에서 발생한 외상채권
	미수수익	당기에 실현된 수익 중 아직 수령하지 않은 미수액
	선급금	상품이나 원재료 등의 매입을 위하여 미리 지급한 선급액
	선급비용	당기에 지급한 비용이나 차기 이후에 귀속되는 비용
	상품	판매를 목적으로 구입한 상품・미착상품・적송품 등으로 하며, 부동산 매매업에 있어서 판매를 목적으로 소유하는 토지・건물 기타 이와 유사한 부동산은 이를 상품에 포함
	제품	판매를 목적으로 제조한 생산품・부산물 등을 포함
	반제품	자가제조한 중간제품이나 부분품 등을 포함
	재공품	제품 또는 반제품의 제조를 위하여 재공과정에 있는 것
	원재료	원료・재료・매입부분품・미착원재료 등
	저장품	소모품・소모공구기구비품・수선용 부분품 및 기타 저장품 등

② 비유동자산

분 류	계정과목	내 용
투자자산	투자부동산	임대수익이나 시세차익을 목적으로 보유하는 토지·건물
	장기금융자산	정기예금, 정기적금 및 기타의 예금 등으로 유동자산에 속하지 않는 금융자산
유형자산	토지	영업을 위하여 사용하는 대지·임야·전·답·잡종지 등
	건물	영업을 위하여 사용하는 공장이나 창고, 영업소·본사 등의 건물
	구축물	교량·궤도·갱도·정원설비 및 기타의 토목설비 또는 공작물 등
	기계장치	물건의 제조를 위해 사용하는 여러 기계장치, 운송설비(컨베이어, 호이스트, 기중기 등)와 기타의 부속설비 등
	건설중인자산	유형자산의 건설을 위한 재료비, 노무비 및 경비로 하되 건설을 위하여 지출한 도급금액 등
무형자산	영업권	합병·영업양수 및 전세권 취득 등의 경우 유상으로 취득한 경우에 한하며, 합병대가가 피합병사의 순자산 공정가치보다 큰 경우를 말함
	라이선스와 프랜차이즈	라이선스는 타기업이나 타인이 소유하고 있는 제품제조와 관련된 신기술·노하우 등을 소유자의 허가를 얻어 생산하는 것이고, 프랜차이즈는 특정한 상품·상호·상표 등을 독점적으로 사용할 수 있는 권리를 말함
	저작권	저작물에 대하여 저작자가 독점적·배타적으로 이용할 수 있는 권리
	컴퓨터소프트웨어	컴퓨터소프트웨어의 구입을 위한 비용
	개발비	신제품·신기술 등의 개발과 관련된 비용으로서 자본화 요건에 충족된 것
기타비유동자산	보증금	전세권·전신전화가입권·임차보증금 및 영업보증금 등
	장기미수금	일반적인 상거래 이외에서 발생한 외상채권으로서 유동자산에 속하지 아니한 것

2) 부채계정

① 유동부채

분 류	계정과목	내 용
유동부채	단기차입금	1년 이내에 상환하기로 하고 타인으로부터 차입한 채무
	외상매입금	상품을 외상으로 매입하고 발생하는 외상채무
	지급어음	상품을 매입하고 발생하는 어음상 채무
	매입채무	외상매입금과 지급어음의 합한 금액
	미지급법인세	법인세 등의 미지급액을 말함
	미지급비용	당기에 발생된 비용이지만 아직 지급되지 아니한 비용
	미지급금	일반적인 상거래 이외에서 발생하는 외상채무
	선수금	수주공사·수주품 및 기타 일반적 상거래에서 발생한 선수액
	예수금	일반적 상거래 이외에서 발생한 일시적 제 예수액
	유동성장기부채	비유동부채 중 결산일로부터 1년 이내에 상환될 것
	선수수익	당기에 수령한 수익 중 차기에 속하는 금액

② 비유동부채

분 류	계정과목	내 용
비유동부채	사채	주식회사의 장기자금을 조달하기 위하여 일정한 이자를 지급하기로 하고 일정한 시기인 만기에 상환하기로 하고 발행한 채무증권
	장기차입금	1년 이후에 상환하기로 하고 타인이나 금융기관으로부터 차입한 채무
	장기외상매입금	상품을 외상으로 매입하고 발생하는 외상채무로서 유동부채에 속하지 아니한 것
	장기지급어음	상품을 매입하고 발생한 어음상 채무로서 유동부채에 속하지 아니한 것
	장기매입채무	장기외상매입금과 장기지급어음을 합한 금액
	제품보증충당부채	기업이 판매시 제품을 보증하기로 한 경우 잠재적으로 부담하고 있는 보증비용의 추정액

3) 자본계정

① 자본금

분 류	계정과목	내 용
자본금	보통주자본금	보통주 발행주식의 액면가액 합계액
	우선주자본금	우선주 발행주식의 액면가액 합계액

② 자본잉여금

분 류	계정과목	내 용
자본잉여금	주식발행초과금	주식의 발행가액이 액면가액을 초과하는 경우 그 초과금액
	감자차익	자본감소의 경우에 그 자본금의 감소액이 주식의 소각, 주금의 반환에 필요한 금액과 결손의 보전에 충당할 금액을 초과한 때에 그 초과금액
	자기주식처분이익	자기주식처분가액이 자기주식의 취득원가보다 큰 경우, 다만 자기주식처분손실이 있는 경우 자기주식처분이익에서 차감한 금액으로 한다.

③ 자본조정

분 류	계정과목	내 용
자본조정	자기주식	발행회사가 이미 발행한 주식을 매입 또는 증여에 의하여 취득한 주식 중 소각되지 않는 주식
	주식할인발행차금	주식발행가액이 액면가액에 미달하는 경우 그 미달하는 금액

④ 기타포괄손익누계액 : 재평가잉여금 등

⑤ 이익잉여금

분 류	계정과목	내 용
이익잉여금	이익준비금	이익 처분시 상법규정에 의해 자본금의 2분의 1이 될 때까지 매 결산기 이익배당액의 10분의 1이상을 이익준비금으로 적립함 (주식배당은 제외)
	기타법정적립금	재무구조개선적립금
	임의적립금	신축적립금 · 사업확장적립금 · 별도적립금 · 감채적립금 등
	미처분이익잉여금	전기이월이익잉여금과 당기순이익의 합계

(2) 포괄손익계산서계정

1) 수익계정

계정과목	내 용
매 출 액	기업이 고객에게 상품이나 용역을 제공한 대가로 수취하거나 수취할 금액 예 상품매출, 용역매출
이 자 수 익	예금이나 대여금 등에 대한 이자나 기업이 투자한 채권 등에서 발생하는 이자
배 당 금 수 익	주식에 대한 배당 중 현금배당으로 발생하는 수익
임 대 료	토지 또는 건물 등을 타인에게 빌려주고 받는 집세
당기손익금융자산처분이익*	처분가액이 장부금액보다 큰 경우 발생한 차이
당기손익금융자산평가이익*	결산시 당기손익 금융자산의 공정가치가 장부금액보다 크게 평가되었을 경우 발생하는 차이
투 자 자 산 처 분 이 익	투자자산의 처분가액이 장부금액보다 큰 경우 발생한 차이
유 형 자 산 처 분 이 익	유형자산의 처분가액이 장부금액보다 큰 경우 발생한 차이
사 채 상 환 이 익	상환 직전 장부금액보다 상환금액이 작은 경우 발생하는 차이

* 당기손익-공정가치측정 금융자산 처분이익·평가이익을 말한다.

2) 비용계정

계정과목	내 용
매 출 원 가	판매된 상품의 취득(매입)원가나 판매된 제품의 제조원가
급 여	판매 및 일반관리에 종사하는 사원 등에 대한 급료, 임금 및 제 수당 등
복 리 후 생 비	종업원에 대한 복리 및 후생 관련 비용
임 차 료	토지 또는 건물 등을 빌려서 사용하고 지급하는 집세
접 대 비	교제비·기밀비·사례금 기타 명목 여하에 불구하고 이와 유사한 성질의 비용으로서 법인의 업무와 관련하여 지출한 금액
감 가 상 각 비	건물이나 기계장치, 비품 등의 유형자산의 원가를 그 자산의 사용기간에 체계적으로 배분한 금액
세 금 과 공 과	자동차세·재산세·사업소세 등의 세금과 조합비·상공회의소비 등의 공과금 등
광 고 선 전 비	신문광고, 방송광고 등을 위해 지출하였거나 소비된 재화의 가치
연 구 비	신제품·신기술 등의 연구활동에 지출된 비용 등
경 상 개 발 비	신제품·신기술 등의 개발활동에 지출된 비용으로 자본화 요건에 충족하지 못한 비용

수 도 광 열 비	전기료 · 가스료 · 수도료 등으로 발생한 비용
여 비 교 통 비	기업의 업무상 발생하는 교통비 및 출장비 등
이 자 비 용	차입금에 대한 이자, 사채에 대한 이자 등
당기손익금융자산처분손실*	처분가액이 장부금액보다 작은 경우 발생한 차이
당기손익금융자산평가손실*	결산시 당기손익 금융자산의 공정가치가 장부금액보다 작게 평가되었을 경우 발생하는 차이
기 부 금	사업과 직접 관계없이 지출하는 재산적 증여금액
투 자 자 산 처 분 손 실	투자자산의 처분가액이 장부금액보다 작은 경우 발생한 차이
유 형 자 산 처 분 손 실	유형자산의 처분가액이 장부금액보다 작은 경우 발생한 차이
사 채 상 환 손 실	상환 직전 장부금액보다 상환금액이 큰 경우 발생하는 차이

* 당기손익－공정가치측정 금융자산 처분손실 · 평가손실을 말한다.

▶ 이외에도 수선하고 지급하는 비용 ⇨ 수선비
우편이나 전화요금 등 지급시 발생하는 비용 ⇨ 통신비
상품매출시 발생하는 운임 등 ⇨ 운반비

제4절 계정기입법칙

- 자산계정 : 증가를 차변에, 감소를 대변에 기입한다.
- 부채계정 : 증가를 대변에, 감소를 차변에 기입한다.
- 자본계정 : 증가를 대변에, 감소를 차변에 기입한다.
- 수익계정 : 발생을 대변에, 감소를 차변에 기입한다.
- 비용계정 : 발생을 차변에, 감소를 대변에 기입한다.

(1) 재무상태표계정

자산은 재무상태표의 차변(왼쪽)에 기입하므로, 그 증가를 자산계정의 차변에 기입하고 감소를 대변에 기입한다. 부채와 자본은 재무상태표의 대변(오른쪽)에 기입하므로, 그 증가를 대변에 기입하고 감소를 차변에 기입한다.

	자산계정		
자산의 증가	증가(+)	감소(−)	자산의 감소

	부채계정		
부채의 감소	감소(−)	증가(+)	부채의 증가

	자본계정		
자본의 감소	감소(−)	증가(+)	자본의 증가

(2) 포괄손익계산서계정

수익은 손익계산서의 대변(오른쪽)에 기입하므로 수익이 발생하는 경우에는 대변에, 반대의 경우는 차변에 기입한다. 비용은 손익계산서의 차변(왼쪽)에 기입하므로, 비용이 발생되는 경우에는 차변에 기입하고 반대의 경우는 대변에 기입한다.

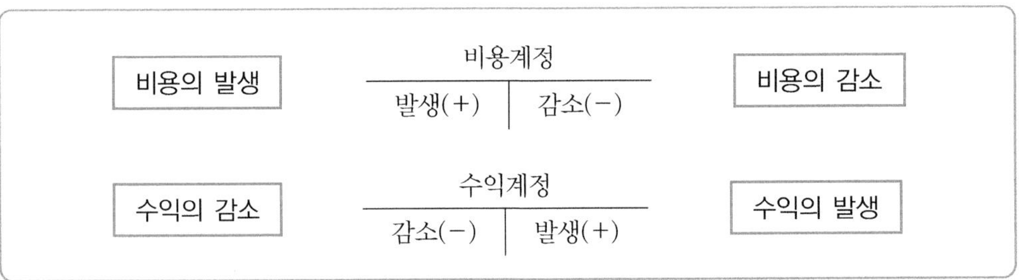

Q&A

Q 정상잔액 또는 평상잔액은 무엇일까?

A 거래의 결합관계에서 차변합계와 대변합계의 차이를 잔액(balance)이라고 합니다. 특별한 경우를 제외하고 대부분의 경우 자산과 비용은 차변에 증가 또는 발생을 기록하므로 차변에 잔액이 생기고, 부채와 자본 및 수익은 대변에 증가 발생액을 나타내므로 대변잔액이 생깁니다. 이를 회계에서는 정상잔액 또는 평상잔액이라고 합니다. 따라서 차변에 증가를 나타내는 자산과 비용은 차변에 평상잔액이 발생하고, 대변에 증가를 나타내는 부채와 자본 및 수익은 대변에 평상잔액이 발생하는 것입니다.

(3) 각 계정과 재무제표와의 관계

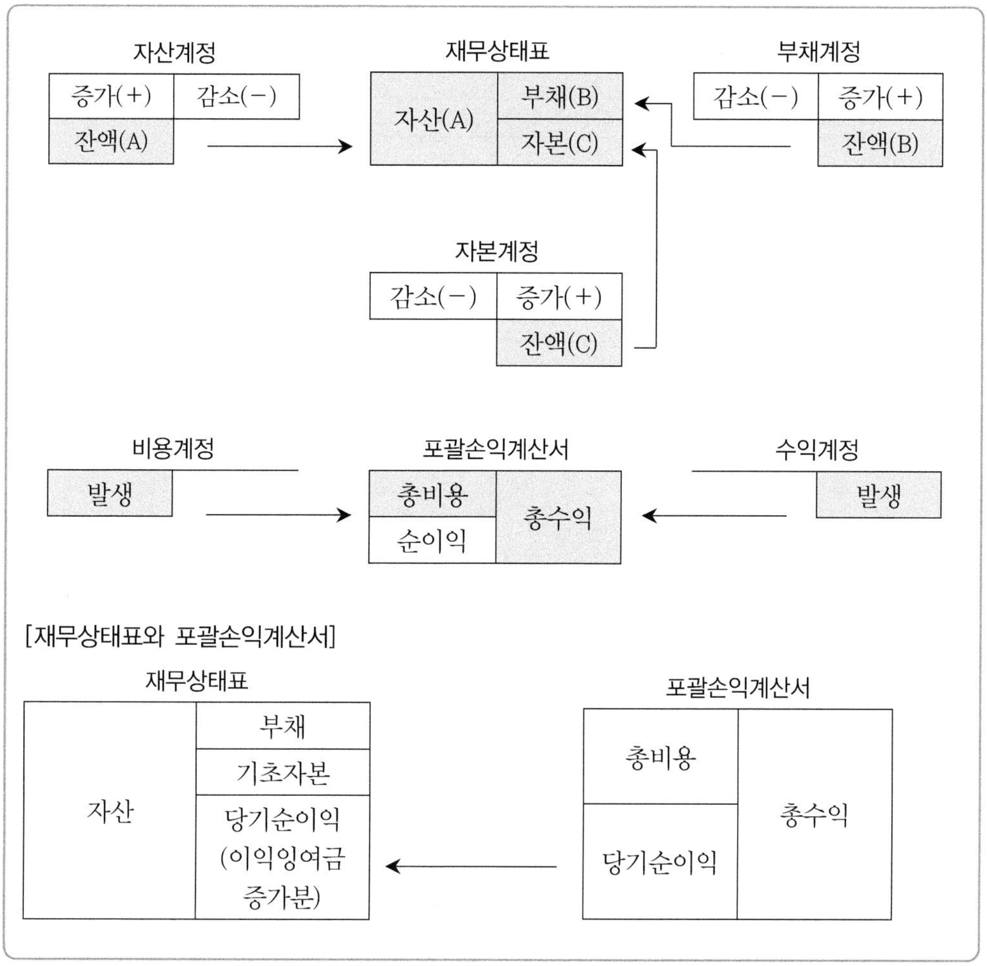

자산계정

증가(+)	감소(-)
잔액(A)	

→ 재무상태표

재무상태표

자산(A)	부채(B)
	자본(C)

부채계정 (잔액(B) → 재무상태표 부채(B))

감소(-)	증가(+)
	잔액(B)

자본계정 (잔액(C) → 재무상태표 자본(C))

감소(-)	증가(+)
	잔액(C)

비용계정

발생	

→ 포괄손익계산서

포괄손익계산서

총비용	총수익
순이익	

수익계정 (발생 → 포괄손익계산서 총수익)

	발생

[재무상태표와 포괄손익계산서]

재무상태표

자산	부채
	기초자본
	당기순이익 (이익잉여금 증가분)

← 포괄손익계산서의 당기순이익

포괄손익계산서

총비용	총수익
당기순이익	

기초다지기 1

계정기입법칙에 의하여 다음의 괄호 안에 증가 또는 감소를 표시하시오.

매출채권		매출		선수금	
( )	( )	( )	( )	( )	( )

임차료		당기손익-공정가치측정 금융자산		자본금	
( )	( )	( )	( )	( )	( )

풀이 자산과 비용은 차변이 증가(발생), 대변은 감소이며 부채, 자본 및 수익은 대변이 증가(발생), 차변이 감소이다.

매출채권		매출		선수금	
증가	감소	감소	발생	감소	증가

임차료		당기손익-공정가치측정 금융자산		자본금	
발생	감소	증가	감소	감소	증가

기초다지기 2

다음 계정과목 중 잔액이 차변에 나타나면 '차', 대변에 나타나면 '대'를 ( ) 안에 써 넣으시오.

01 현금및현금성자산 ( )
02 단기차입금 ( )
03 자본금 ( )
04 임대료 ( )
05 이자비용 ( )
06 임차료 ( )
07 수수료수익 ( )
08 받을어음 ( )
09 비품 ( )
10 미지급금 ( )
11 미수금 ( )
12 선수금 ( )
13 외상매출금 ( )
14 이자수익 ( )
15 선급금 ( )

풀이

1. 현금및현금성자산 (차)
2. 단기차입금 (대)
3. 자본금 (대)
4. 임대료 (대)
5. 이자비용 (차)
6. 임차료 (차)
7. 수수료수익 (대)
8. 받을어음 (차)
9. 비품 (차)
10. 미지급금 (대)
11. 미수금 (차)
12. 선수금 (대)
13. 외상매출금 (차)
14. 이자수익 (대)
15. 선급금 (차)

완성형 문제

1 회계기간 동안 발생되는 거래들을 항목별로 체계적으로 기록하기 위해 설정된 단위를 (　　　) 이라고 한다.

2 계정은 자산, 부채, 자본계정으로 구성되어 있는 (　　　)과 수익계정과 비용계정으로 구성되어 있는 (　　　)으로 구분된다.

3 재무상태표계정은 잔액이 존재하는 계정이므로 (　　　) 또는 영구계정이라고도 한다.

4 포괄손익계산서계정은 성과 등으로 계산되고 다음 회계연도로 이월되지 않는 계정으로 (　　　) 또는 임시계정이라고 한다.

5 자산계정은 차변에 증가를, 대변에 (　　　)를 기입하며 잔액은 (　　　)에 생긴다.

6 부채계정은 (　　　)에 증가를, 차변에 감소를 기입하며 잔액은 (　　　)에 생긴다.

7 자본계정은 대변에 증가를, 차변에 (　　　)를 기입하며 잔액은 (　　　)에 생긴다.

8 수익은 발생이 대변, 감소는 (　　　)에 기입하며 잔액은 (　　　)에 생긴다.

9 비용은 발생이 (　　　), 감소는 대변에 기입하며 잔액은 (　　　)에 생긴다.

10 차변에 잔액이 생기는 항목은 (　　　)과 비용이며 대변에 잔액이 생기는 항목은 부채, (　　　) 그리고 수익이다.

1. 계정
2. 재무상태표계정, 포괄손익계산서계정
3. 실질계정　　4. 명목계정
5. 감소, 차변　　6. 대변, 대변
7. 감소, 대변　　8. 차변, 대변
9. 차변, 차변　　10. 자산, 자본

01 **다음 기사에 나타난 자산과 동일한 계정과목으로 분류되는 내용으로 옳은 것을 〈보기〉에서 고른 것은?**

> 경기 불확실성 영향, 투자 꺼려…100조 원 돌파
>
> 우리나라 상기업들의 현금및현금성자산은 2002년부터 2008년까지 7년 사이 두 배 이상 불어나 마침내 2009년 100조 원을 돌파했다.
>
> – ○○신문, 2010년 3월 16일자

보 기

㉠ 매출채권　　㉡ 타인발행수표
㉢ 보통예금　　㉣ 3년 만기 정기예금

① ㉠, ㉡　　② ㉠, ㉢
③ ㉡, ㉢　　④ ㉡, ㉣
⑤ ㉢, ㉣

해설 현금및현금성자산은 통화(지폐와 주화), 통화대용증권(타인발행수표 등), 요구불예금(보통예금, 당좌예금) 그리고 현금성자산을 포함한다.

02 **다음 중 임시계정과 거리가 먼 것은?**

① 배당금수익　　② 감가상각비
③ 매 출　　④ 선급보험료
⑤ 매출원가

해설 선급보험료는 자산계정이므로 실질계정이며 영구계정이다.

03 **다음 계정잔액의 기입으로 보아 (　　) 안에 적합한 계정과목은?**

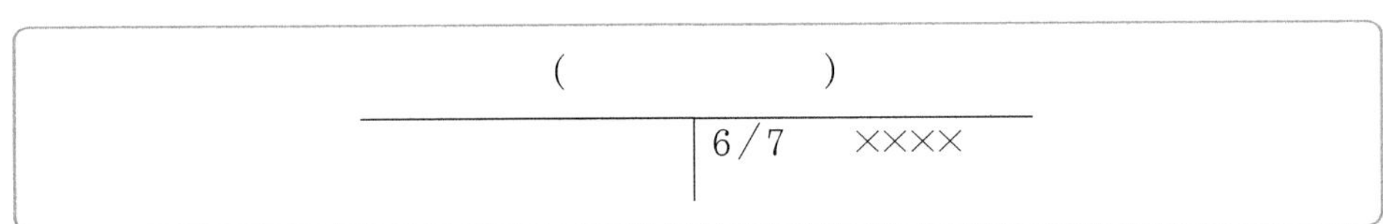

정답 01 ③　02 ④　03 ④

① 선급금　　　　② 미수금
③ 단기대여금　　　　④ 임대료
⑤ 임차료

해설 임대료계정은 잔액이 대변에 발생한다. 계정의 기입방법으로 보아 잔액이 어디에 나타나는지를 이해해야 한다.
(1) 차변잔액 : 자산계정, 비용계정
(2) 대변잔액 : 부채계정, 자본계정, 수익계정

04 다음의 자산계정 중 그 성격이 다른 하나는?

① 현금과예금　　　　② 매출채권
③ 산업재산권　　　　④ 미수금
⑤ 당기손익 – 공정가치측정 금융자산

해설 산업재산권은 무형자산으로 비유동자산이며, 나머지는 유동자산이다.

05 다음 (가)~(다)의 거래를 분개할 때 차변 계정과목에 해당하는 것을 바르게 짝지은 것은?

(가) 신축 중인 건물의 공사대금 5억 원을 현금으로 지급하다.
(나) 임대 목적으로 건물을 취득하고, 그 대금 10억 원을 현금으로 지급하다.
(다) 업무용 건물을 취득하고, 그 대금 15억 원을 당좌수표를 발행하여 지급하다.

	(가)	(나)	(다)
①	건물	투자부동산	건설중인자산
②	투자부동산	건물	건설중인자산
③	투자부동산	건설중인자산	건물
④	건설중인자산	건물	투자부동산
⑤	건설중인자산	투자부동산	건물

해설 (가) 신축 중인 건물의 공사대금 5억 원을 현금으로 지급하다.
⇨ 건설 중인 자산
(나) 임대 목적으로 건물을 취득하고, 그 대금 10억 원을 현금으로 지급하다. ⇨ 투자부동산
(다) 업무용 건물을 취득하고, 그 대금 15억 원을 당좌수표를 발행하여 지급하다. ⇨ 건물

정답 04 ③ 05 ⑤

06 **주식회사의 자금과 관련한 그림에서 (가), (나), (다)에 들어갈 계정과목으로 옳은 것은?**

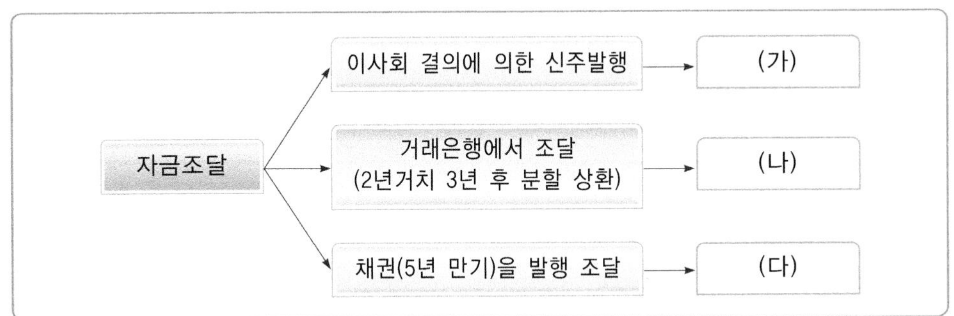

	(가)	(나)	(다)
①	자본금	단기차입금	사채
②	사채	장기차입금	자본금
③	자본금	장기차입금	사채
④	자본금	주식발행초과금	단기매매금융자산
⑤	사채	자본금	장기차입금

해설 주식회사에서 채권을 발행하면 사채(비유동부채)계정 대변에 기입한다.

07 **다음 중 부채계정은?**

① 임대료계정
② 매출채권계정
③ 미수금계정
④ 영업권계정
⑤ 선수금계정

해설 ① 수익계정, ②③④ 자산계정

08 **다음 중 계정의 잔액이 잘못 표시된 것은?**

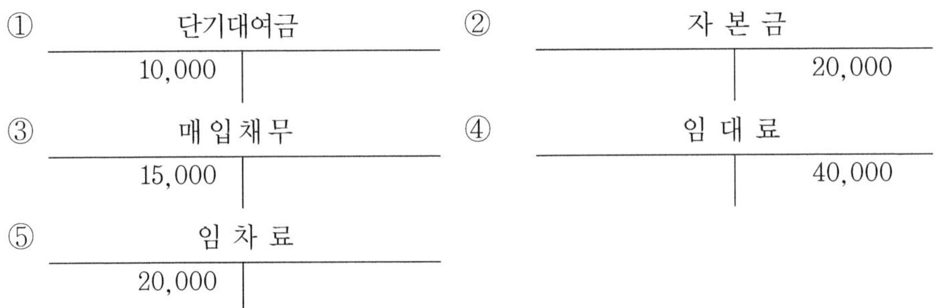

해설 매입채무계정은 부채계정으로 증가 쪽인 대변에 잔액이 남는다.

정답 06 ③ 07 ⑤ 08 ③

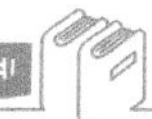

09 **잔액이 차변에 남는 계정과목은?**

① 임차료, 단기대여금, 외상매출금 ② 자본금, 미지급금, 미수금
③ 이자수익, 외상매입금, 급여 ④ 수수료수익, 외상매입금, 자본금
⑤ 임대료, 현금, 당기손익－공정가치측정 금융자산

해설 미지급금 · 외상매입금 : 부채계정(대변)
자본금 : 자본계정(대변)
수수료수익 · 임대료 : 수익계정(대변)

10 **다음 중 잔액이 차변에 발생하는 계정은?**

① 미수금 ② 예수금
③ 지급어음 ④ 상품권
⑤ 이자수익

해설 잔액이 차변에 있는 계정은 자산과 비용계정이다.

11 **그림은 수익에 관한 수업 장면이다. 교사의 질문에 대해 옳게 답변한 학생을 〈보기〉에서 모두 고른 것은?**

보 기

철수 : 호텔업의 객실료 수입이 해당됩니다.
영희 : 상품매매업의 건물 임대료도 있지요.
길동 : 부동산중개업의 중개수수료도 포함됩니다.
영철 : 은행에서 고객에게 대출한 대출금에 대한 이자도 포함되겠네요.

① 철 수 ② 영 희
③ 길 동 ④ 철수, 영철
⑤ 영희, 길동

정답 09 ① 10 ① 11 ②

해설 영업수익은 기업 본래의 영업활동에서 발생하는 수익으로 상품매매업의 매출액이 해당되며, 상품매매업의 건물 임대료는 본래 영업활동 이외에 부수적으로 발생하는 영업외수익이다.

12 다음 지출내역서상의 판매비와관리비는 얼마인가?

지출내역서(20×2년 4월 6일)

- 전화요금 50,000원
- 종업원 회식비용 100,000원
- 장애인단체에 대한 기부 700,000원
- 차입금 이자 지급 30,000원

① ₩150,000 ② ₩180,000
③ ₩750,000 ④ ₩780,000
⑤ ₩700,000

해설 ⑴ 전화요금 · 종업원 회식비용 – 판매비와관리비
⑵ 장애인단체에 대한 기부 · 차입금 이자 지급 – 영업외비용

13 그림은 비용의 일부를 분류한 것이다. (가)에 영향을 미치는 거래를 〈보기〉에서 모두 고른 것은?

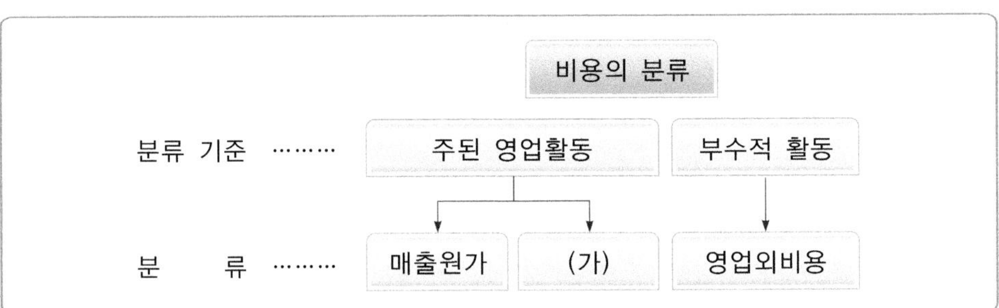

보 기

㉠ 사무실 책상을 구입하고, 운임 ₩10,000을 현금 지급하다.
㉡ 상품을 매출하고 당점 부담 운임 ₩3,000을 현금 지급하다.
㉢ 제품 생산을 위한 기계를 구입하고, 시운전비 ₩50,000을 현금 지급하다.

① ㉠ ② ㉡
③ ㉠, ㉢ ④ ㉡, ㉢
⑤ ㉠, ㉡, ㉢

해설 ㉠ 사무실 책상을 구입하고, 운임 ₩10,000을 현금 지급하다. ⇨ 비품의 취득원가
㉡ 상품을 매출하고 당점 부담 운임 ₩3,000을 현금 지급하다. ⇨ 운반비(판매비와관리비)
㉢ 제품 생산을 위한 기계를 구입하고, 시운전비 ₩50,000을 현금 지급하다. ⇨ 기계의 취득원가

14 **다음 기사에 나타난 현상의 직접적인 원인으로 가장 적절한 것은?**

> 조선과 운송업 영업이익 크게 늘 듯
> 유가증권 시장 시가 총액 상위 종목의 2분기 실적을 예측한 결과 조선과 운송업의 영업이익이 전년도 같은 기간에 비하여 대폭 개선될 것으로 나타났다. △△조선의 경우 전년도 같은 기간에 비하여 영업이익이 800% 이상 증가할 것으로 예상되었다.
> (이하 생략) − ○○신문, 2007년 7월 5일자

① 매출액의 증가
② 보험차익의 증가
③ 이자수익의 증가
④ 자산수증이익의 증가
⑤ 유형자산처분이익의 증가

해설 ① 영업이익이 800% 이상 증가할 것으로 예상되는 경우라면 매출액의 증가와 직접적인 관련이 있다. 나머지 ②③④⑤는 영업외기타수익 항목이다.

정답 14 ①

Chapter 06

분개와 전기

제1절 분 개

(1) 의 의

분개는 거래가 발생하면 앞에서 학습한 거래의 이중성에 따라 차변요소(왼쪽)과 대변요소(오른쪽)로 나누고 각각 해당 계정을 기록하는 것을 말한다. 따라서 관련 계정의 어느 변(차변인지 대변인지)에 얼마의 금액을 기록할 것인가를 정해야 한다.

(2) 분개의 절차

제1단계 : 거래가 지니고 있는 이중적인 측면을 찾아낸다.
제2단계 : 1단계를 통해 찾아낸 측면을 거래의 결합법칙에 의하여 차변과 대변으로 나눈다.
제3단계 : 차변과 대변으로 구분된 거래의 내용을 가장 잘 나타낼 수 있는 계정과목을 정하고 금액을 계산한다.
제4단계 : 차변금액과 대변금액이 일치하는지를 확인한다.

(3) 분개의 법칙

분개하는 요령은 계정기입의 법칙과 동일한데, 이를 요약해 보면 다음과 같다.

자산의 증가는 차변에	자산의 감소는 대변에
부채의 감소는 차변에	부채의 증가는 대변에
자본의 감소는 차변에	자본의 증가는 대변에
비용의 발생은 차변에	수익의 발생은 대변에

(4) 분개장

① 의 의

분개장(journal)이란 거래를 계정에 전기하기 전에 발생순서에 따라 최초로 기록하는 장부이다. 따라서 분개장은 거래의 발생순서에 따라 원시기록하는 장부이다.

② 양 식

총계정원장에 쉽게 기록하기 위하여 거래를 발생순서로 기입하는 주요부로서 총계정원장 기록의 기초가 되는 장부이다. 분개장에는 병립식과 분할식이 있다.

(거래유형 1) 상품매매거래

> 상품 ₩500,000을 현금으로 매입하다.

본 거래는 현금이라는 자산이 ₩500,000 감소함과 동시에 상품이라는 자산이 ₩500,000 증가하였다. 따라서 기록의 법칙에 의하여 자산의 감소는 대변에 기입하므로 현금은 대변에, 상품이라는 자산은 차변에 기록한다. 그리고 금액은 각각 ₩500,000으로 동일하다.

(거래분석)

① 계정과목 : 상품, 현금
② 기록할 위치
- 상품 매입 ⇨ 자산증가 ⇨ 차변
- 현금 지급 ⇨ 자산감소 ⇨ 대변

③ 금액 : 차변금액 ₩500,000＝대변금액 ₩500,000 ⇨ 일치

(차) 상품 500,000 (대) 현금 500,000

상품매매거래 관련 계정과목 익히기

거 래	차 변	대 변
상품 매출거래		
상품을 현금으로 매출하다.	현 금	상 품
상품을 외상으로 매출하다.	외상매출금	상 품
상품을 매출하고 약속어음을 받다.	받 을 어 음	상 품
상품을 매출하고 대금은 자기앞수표로 받다.	현 금	상 품
상품을 매출하고 대금은 당좌예입하다.	당 좌 예 금	상 품
상품을 주문받고 계약금을 현금으로 받다.	현 금	선 수 금
상품의 원가보다 큰 금액으로 외상매출하다.	외상매출금	상 품 상품매출이익
상품 매입거래		
상품을 현금으로 매입하다.	상 품	현 금
상품을 외상으로 매입하다.	상 품	외상매입금
상품을 매입하고 약속어음을 발행하다.	상 품	지 급 어 음
상품을 매입하고 당좌수표를 발행하여 지급하다.	상 품	당 좌 예 금
상품을 주문하고 계약금을 현금으로 지급하다.	선 급 금	현 금

▶ 상품매매거래는 기초입문과정이므로 상품계정을 이용하여 회계처리한다.

(거래유형 2) 현금거래

> 차입금에 대한 이자 ₩200,000을 현금으로 지급하다.

본 거래는 차입금(부채, 빚)에 대한 이자이므로 비용항목에 속한다. 따라서 이자비용이라는 비용이 ₩200,000 비용이 발생함과 동시에 현금자산이 ₩200,000 감소하였다. 거래의 결합관계에 의하여 기록하면 이자비용이라는 비용의 발생은 차변에, 현금이라는 자산의 감소는 대변에 기록하며 금액은 각각 ₩200,000으로 일치한다.

(거래분석)

① 계정과목 : 이자비용, 현금
② 기록할 위치
- 이자비용 발생 ⇨ 비용발생 ⇨ 차변
- 현금 지급 ⇨ 자산감소 ⇨ 대변

③ 금액 : 차변금액 ₩200,000＝대변금액 ₩200,000 ⇨ 일치

(차) 이자비용 200,000 (대) 현금 200,000

현금거래 관련 계정과목 익히기

거 래	차 변	대 변
현금 수입거래		
현금을 출자하여 영업을 개시하다.	현금	자본금
빌려준 돈을 현금으로 받다.	현금	대여금
기계장치 외상처분대금을 현금으로 받다.	현금	미수금
약속어음의 만기일에 대금을 현금으로 수령하다.	현금	받을어음
현금을 차입하여 수령하다.	현금	차입금
대여금에 대한 이자를 현금으로 수령하다.	현금	이자수익
대여금 원금과 이자를 현금으로 수령하다.	현금	대여금 이자수익
집세를 현금으로 수령하다.	현금	임대료
현금 지출거래		
자본주가 현금을 인출하다.	자본금(인출금)	현금
기계장치를 현금으로 구입하다.	기계장치	현금
기계장치 외상구입대금을 현금으로 지급하다.	미지급금	현금
발행된 약속어음의 만기일에 어음대금을 지급하다.	지급어음	현금

차입금 원금과 이자를 현금으로 지급하다.	차 입 금 이 자 비 용	현 금
집세를 현금으로 지급하다.	임 차 료	현 금
급여를 현금으로 지급하다.	급 여	현 금
출장여비를 현금으로 지급하다.	여 비 교 통 비	현 금
상공회의소 회비나 자동차세 등을 현금으로 지급하다.	세 금 과 공 과	현 금
수도요금 · 전기요금 · 도시가스요금 등을 현금으로 지급하다.	수 도 광 열 비	현 금
신문광고료나 각종 방송매체의 광고료를 현금으로 지급하다.	광 고 선 전 비	현 금

기초다지기 1

다음의 거래를 분개하시오.

01 상품 ₩100,000을 현금으로 매출하다.
02 상품 ₩320,000을 매출하고 대금은 외상으로 하다.
03 상품 ₩500,000을 매출하고 대금은 약속어음으로 받다.
04 상품 ₩200,000을 매출하고 대금은 현금으로 받아 즉시 당좌예입하다.
05 상품을 판매하기 전에 계약금조로 ₩50,000을 현금으로 수령하다.
06 상품 ₩150,000을 매입하고 대금은 현금으로 지급하다.
07 상품 ₩400,000을 매입하고 대금은 외상으로 하다.
08 상품 ₩300,000을 매입하고 대금은 약속어음을 발행하여 지급하다.
09 상품 ₩700,000을 매입하고 대금은 수표를 발행하여 지급하다.
10 상품을 매입하기 전에 계약금조로 ₩30,000을 현금으로 지급하다.
11 원가 ₩250,000의 상품을 ₩300,000에 매출하고 대금은 현금으로 받다.
12 원가 ₩320,000의 상품을 ₩290,000에 매출하고 대금은 현금으로 받아 즉시 당좌예입하다.

풀이

1.	(차)	현 금	100,000	(대)	상 품	100,000
2.	(차)	외상매출금	320,000	(대)	상 품	320,000
3.	(차)	받을어음	500,000	(대)	상 품	500,000
4.	(차)	당좌예금	200,000	(대)	상 품	200,000
5.	(차)	현 금	50,000	(대)	선 수 금	50,000
6.	(차)	상 품	150,000	(대)	현 금	150,000
7.	(차)	상 품	400,000	(대)	외상매입금	400,000
8.	(차)	상 품	300,000	(대)	지급어음	300,000
9.	(차)	상 품	700,000	(대)	당좌예금	700,000
10.	(차)	선 급 금	30,000	(대)	현 금	30,000
11.	(차)	현 금	300,000	(대)	상 품	250,000
					상품매출이익	50,000
12.	(차)	당좌예금	290,000	(대)	상 품	320,000
		상품매출손실	30,000			

기초다지기 2

다음의 거래를 분개하시오.

01 현금 ₩1,000,000을 출자하여 영업을 개시하다.

02 현금 ₩2,000,000(차입금 ₩1,200,000 포함)을 출자하여 영업을 개시하다.

03 현금 ₩500,000, 상품 ₩300,000, 건물 ₩1,000,000을 출자하여 영업을 개시하다.
단, 현금 중에는 차입한 금액이 ₩100,000이 포함되어 있음

04 1년 이내에 회수하기로 하고 현금 ₩700,000을 빌려주다.

05 단기대여금 ₩700,000과 이자 ₩20,000을 현금으로 회수하다.

06 1년 이내에 상환하기로 하고 현금 ₩1,000,000을 빌리다.

07 단기차입금 ₩1,000,000과 이자 ₩30,000을 수표발행하여 지급하다.

08 영업용 컴퓨터를 ₩500,000에 현금으로 구입하다.

09 영업용 컴퓨터를 ₩700,000에 구입하고 월말에 지급하기로 하다.

10 원가 ₩400,000의 영업용 컴퓨터를 ₩500,000에 처분하고 대금은 월말에 받기로 하다.

11 외상매출금 ₩220,000을 현금으로 받다.

12 예금에 대한 이자 ₩50,000을 현금으로 받다.

13 판매를 중개하고 ₩30,000의 수수료를 현금으로 받다.

14 사무실을 임대하고 집세 ₩200,000을 현금으로 받다.

15 원가 ₩1,000,000의 토지를 ₩1,200,000에 처분하고 대금은 월말에 받기로 하다.

16 당기손익-공정가치측정 금융자산의 취득원가는 ₩220,000인데 기말의 공정가치는 ₩300,000이다.

17 외상매입금 ₩800,000을 현금으로 지급하다.

18 차입금에 대한 이자 ₩90,000을 현금으로 지급하다.

19 수수료 ₩100,000을 현금으로 지급하다.

20 사무실을 임차하고 집세 ₩30,000을 현금으로 지급하다.

21 종업원에 대한 급여 ₩2,000,000을 수표발행하여 지급하다.

22 업무상 종업원의 택시요금 등 ₩200,000을 현금으로 지급하다.

23 전화요금 ₩100,000을 현금으로 지급하다.

24 전기요금 ₩70,000을 현금으로 지급하다.

25 광고료 ₩90,000을 수표발행하여 지급하다.

풀이

번호	차변	금액	대변	금액
1.	(차) 현금	1,000,000	(대) 자본금	1,000,000
2.	(차) 현금	2,000,000	(대) 차입금	1,200,000
			자본금	800,000
3.	(차) 현금	500,000	(대) 차입금	100,000
	상품	300,000	자본금	1,700,000
	건물	1,000,000		
4.	(차) 단기대여금	700,000	(대) 현금	700,000
5.	(차) 현금	720,000	(대) 단기대여금	700,000
			이자수익	20,000
6.	(차) 현금	1,000,000	(대) 단기차입금	1,000,000
7.	(차) 단기차입금	1,000,000	(대) 당좌예금	1,030,000
	이자비용	30,000		

	차변	금액	대변	금액
8.	(차) 비품	500,000	(대) 현금	500,000
9.	(차) 비품	700,000	(대) 미지급금	700,000
10.	(차) 미수금	500,000	(대) 비품	400,000
			유형자산처분이익	100,000
11.	(차) 현금	220,000	(대) 외상매출금	220,000
12.	(차) 현금	50,000	(대) 이자수익	50,000
13.	(차) 현금	30,000	(대) 수수료수익	30,000
14.	(차) 현금	200,000	(대) 임대료	200,000
15.	(차) 미수금	1,200,000	(대) 토지	1,000,000
			유형자산처분이익	200,000
16.	(차) 당기손익-공정가치측정 금융자산	80,000	(대) 당기손익-금융자산평가이익	80,000
17.	(차) 외상매입금	800,000	(대) 현금	800,000
18.	(차) 이자비용	90,000	(대) 현금	90,000
19.	(차) 수수료비용	100,000	(대) 현금	100,000
20.	(차) 임차료	30,000	(대) 현금	30,000
21.	(차) 급여	2,000,000	(대) 당좌예금	2,000,000
22.	(차) 여비교통비	200,000	(대) 현금	200,000
23.	(차) 통신비	100,000	(대) 현금	100,000
24.	(차) 수도광열비	70,000	(대) 현금	70,000
25.	(차) 광고선전비	90,000	(대) 당좌예금	90,000

제2절 전 기

(1) 의 의

전기(posting)란 분개장에서 분개가 완료되면 분개한 것을 해당 계정에 옮겨 적는 과정이 필요한데 이를 전기라 한다. 즉, 분개장의 거래 기록을 원장에 있는 관련 계정에 옮겨 적는 과정을 말한다.

Q&A

Q 원장 또는 총계정원장이란 무엇일까?

A 원장(ledger)은 기업이 사용하고 있는 자산, 부채, 자본 수익 및 비용을 나타내는 모든 계정을 모아 놓은 장부를 말합니다. 따라서 원장을 총계정원장(general ledger)이라 부르기도 합니다. 이와 같은 총계정원장은 현금계정의 경우 특정시점에서 현금계정의 잔액이 얼마인지를 알 수 있도록 합니다.

(2) 전기의 법칙

분개장에 분개한 기록을 각 해당 계정에 옮겨 적어야 하는데 전기의 법칙은 다음과 같다.

① 분개된 차변금액은 각 원장의 차변에 기입한다.
② 분개된 대변금액은 각 원장의 대변에 기입한다.
③ 전기할 때 금액 이외에 상대계정을 기입한다.
④ 상대계정이 두 개 이상일 때는 '제좌'라고 기록한다.

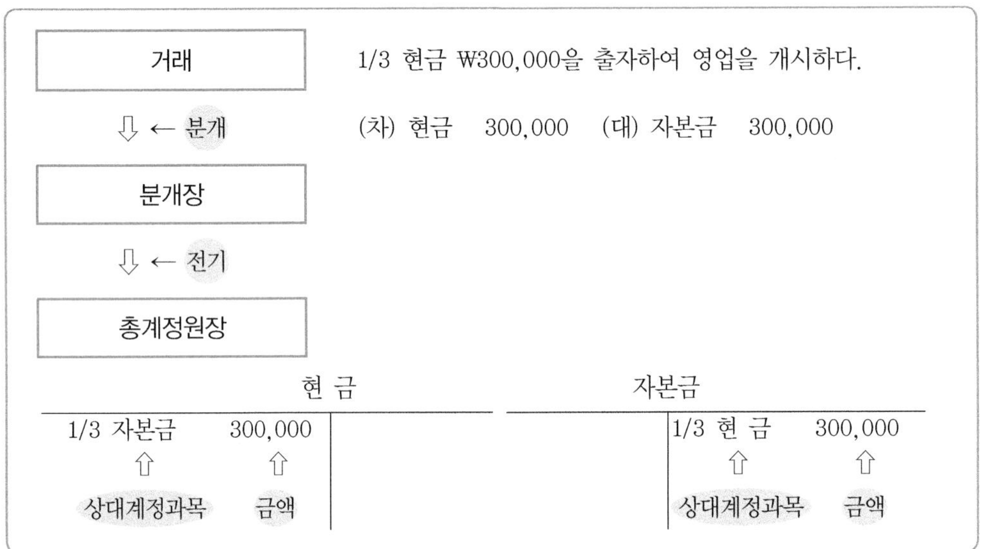

상대계정과목이 둘 이상일 경우에는 '제좌'라고 기록한다.

기초다지기 3

다음 합격사의 거래를 분개하고 각 계정에 전기하시오.

1/10	현금 ₩1,000,000을 출자하여 영업을 개시하다.
2/5	상품 ₩300,000을 외상으로 매입하다.
3/11	현금 ₩700,000을 1년 이내에 상환하기로 하고 빌리다.
4/20	영업용 책상을 구입하고 대금 ₩400,000은 현금으로 지급하다.
5/7	단기차입금 ₩500,000과 이자 ₩20,000을 현금으로 지급하다.
6/10	외상매입금 ₩100,000을 현금으로 지급하다.
9/20	임대료 ₩200,000을 현금으로 수령하다.
10/15	급여 ₩50,000을 현금으로 지급하다.
12/10	수수료 ₩30,000을 현금으로 수령하다.

풀이 1. 분 개

1/10	(차) 현 금	1,000,000	(대) 자 본 금	1,000,000
2/5	(차) 상 품	300,000	(대) 외상매입금	300,000
3/11	(차) 현 금	700,000	(대) 단기차입금	700,000
4/20	(차) 비 품	400,000	(대) 현 금	400,000
5/7	(차) 단기차입금	500,000	(대) 현 금	520,000
	이자비용	20,000		
6/10	(차) 외상매입금	100,000	(대) 현 금	100,000
9/20	(차) 현 금	200,000	(대) 임 대 료	200,000
10/15	(차) 급 여	50,000	(대) 현 금	50,000
12/10	(차) 현 금	30,000	(대) 수수료수익	30,000

2. 전 기

현 금

1/10	자 본 금	1,000,000	4/20	비 품	400,000
3/11	단기차입금	700,000	5/7	제 좌	520,000
9/20	임 대 료	200,000	6/10	외상매입금	100,000
12/10	수수료수익	30,000	10/15	급 여	50,000

상 품

2/5	외상매입금	300,000			

비 품

4/20	현 금	400,000			

외상매입금

6/10	현 금	100,000	2/5	상 품	300,000

단기차입금

5/7	현 금	500,000	3/11	현 금	700,000

자본금

			1/10	현 금	1,000,000

임대료

			9/20	현 금	200,000

수수료수익

			12/10	현 금	30,000

급 여

10/15	현 금	50,000			

이자비용

5/7	현 금	20,000			

완성형 문제

1 (   )는 거래의 이중성에 따라 차변요소와 대변요소로 나누고 각각 해당 계정을 기록하는 것을 말한다.

2 거래를 계정에 전기하기 전에 발생순서에 따라 최초로 기록하는 장부를 (   )이라고 한다.

3 분개장에서 분개가 완료되면 분개한 것을 해당 계정에 옮겨 적는 과정을 (   )라고 한다.

4 분개된 차변금액은 각 원장의 (   )에 기입하고 분개된 대변금액은 각 원장의 (   )에 기입한다. 이 경우 전기할 때 금액 이외에 (   )계정을 기입한다.

5 전기할 때 상대 계정과목이 둘 이상인 경우에는 (   )라고 기입한다.

6 기업이 사용하고 있는 자산, 부채, 자본, 수익 및 비용을 나타내는 모든 계정을 모아 놓은 장부를 (   )이라고 한다.

7 분개장에서 총계정원장으로 옮기는 절차를 (   )라 하고, 어떤 계정의 금액을 다른 계정으로 옮기는 것을 (   )라 한다.

1. 분개
2. 분개장
3. 전기
4. 차변, 대변, 상대
5. 제좌
6. 원장 또는 총계정원장
7. 전기, 대체

01 **다음은 회계의 순환과정을 나타낸 것이다. (가)에 기입될 수 있는 거래로 옳은 것은?**

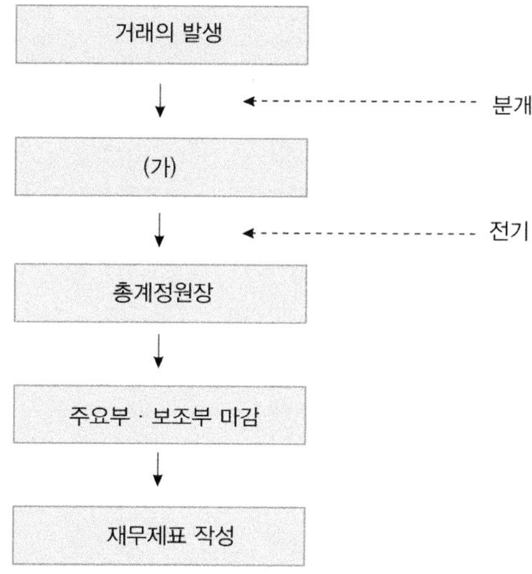

① 거래처에 상품 ₩300,000을 주문한다.
② 화재로 인하여 보관 중인 상품 ₩500,000이 소실되다.
③ 급여 ₩1,000,000을 지급하기로 하고 신입사원을 채용하다.
④ 월 ₩500,000의 임차조건으로 사무실 임차계약을 체결하다.
⑤ 투자 목적으로 부동산중개소에 ₩1,000,000 상당의 임야 구입을 의뢰하다.

해설 (가)는 분개장을 의미하며 분개의 대상이 되는 회계상거래를 선택하면 된다. ①, ③, ④, ⑤는 회계상거래가 아니므로 답이 될 수 없다.

02 **다음 분개에 적합한 거래를 바르게 추정한 것은?**

(차) 상　　품	300,000	(대) 당좌예금	300,000

① 상품 ₩300,000을 매입하고, 대금은 외상으로 하다.
② 상품 ₩300,000을 매입하고, 대금은 약속어음을 발행하여 지급하다.
③ 상품 ₩300,000을 매입하고, 대금은 수표를 발행하여 지급하다.
④ 상품 ₩300,000을 매입하고, 대금은 현금으로 지급하다.
⑤ 상품 ₩300,000을 매입하고, 대금은 소지하고 있던 자기앞수표로 지급하다.

해설 상품계정이 차변에 있으면 매입한 것이고, 당좌예금계정이 감소한 것이므로 수표를 발행한 것이다.

03 다음 거래의 회계처리 결과로 옳은 것을 〈보기〉에서 고른 것은?

> 회계부장은 출장 중인 영업부장이 ₩50,000,000의 판매계약을 체결하고, 계약금 ₩5,000,000과 상품외상대금 회수액 ₩3,000,000을 당좌예금 계좌에 입금한 것을 확인하다.

보 기

㉠ 가수금의 증가　　㉡ 선수금의 증가
㉢ 외상매입금의 감소　　㉣ 외상매출금의 감소

① ㉠, ㉡　　② ㉠, ㉢
③ ㉡, ㉢　　④ ㉡, ㉣
⑤ ㉢, ㉣

해설

(차)	당좌예금	8,000,000	(대)	가 수 금	8,000,000
(차)	가 수 금	8,000,000	(대)	외상매출금	3,000,000
				선 수 금	5,000,000

04 영업일지에 기입된 9월 5일 거래의 회계처리 결과로 옳지 않은 것은?

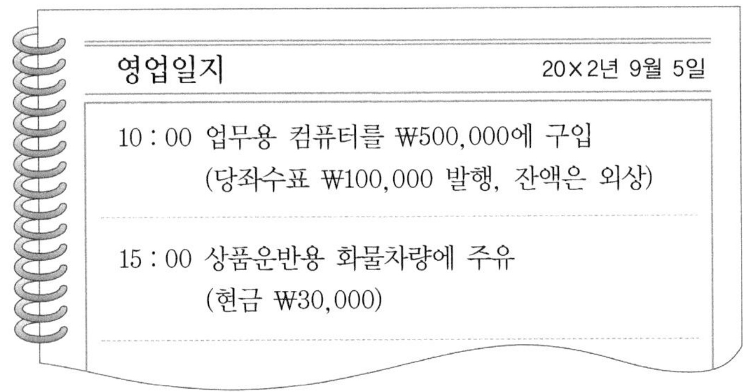
영업일지　20×2년 9월 5일

10 : 00 업무용 컴퓨터를 ₩500,000에 구입
(당좌수표 ₩100,000 발행, 잔액은 외상)

15 : 00 상품운반용 화물차량에 주유
(현금 ₩30,000)

① 유동자산의 감소　　② 미지급금의 증가
③ 외상매입금의 증가　　④ 비유동자산의 증가
⑤ 판매비와관리비의 발생

해설 업무용 컴퓨터는 상품이 아니라 비품이기 때문에 외상대금은 미지급금계정으로 처리한다.

10 : 00	(차)	비　　품	500,000	(대)	당좌예금	100,000
					미지급금	400,000
15 : 00	(차)	차량유지비	30,000	(대)	현　　금	30,000

정답 03 ④　04 ③

05 다음 거래를 회계처리한 결과로 옳은 것은?

거래처 ○○(주)에게 갑상품 ₩500,000을 매출하고 대금 중 ₩200,000은 약속어음으로 받고 잔액은 외상으로 하다.

① 현금의 증가
② 매출액의 감소
③ 선급금의 증가
④ 받을어음의 감소
⑤ 외상매출금의 증가

해설 (차) 받을어음 200,000 (대) 상 품 500,000
외상매출금 300,000

06 다음 중 ( ) 안에 기입할 수 있는 계정과목은?

( ) 계정

현 금	×××	매 입	×××
		외상매입금	×××

① 감가상각비
② 지급어음
③ 외상매출금
④ 외상매입금
⑤ 현 금

해설 (차) 지급어음 ××× (대) 현 금 ×××
⇨ 어음상 채무를 현금으로 지급하다.
(차) 매입(상품) ××× (대) 지급어음 ×××
⇨ 상품을 매입하고 약속어음을 발행하다.
(차) 외상매입금 ××× (대) 지급어음 ×××
⇨ 외상매입금을 약속어음을 발행하여 지급하다.

07 다음 중 ( ) 안에 들어갈 (가)와 (나)의 용어는?

어떤 계정의 금액을 다른 계정으로 옮기는 것을 (가)(이)라고 하고, 분개장에 기장된 분개기입을 해당 계정원장에 옮겨 적는 것을 (나)(이)라고 한다.

① (가) 이월, (나) 기장
② (가) 전기, (나) 대체
③ (가) 기장, (나) 이월
④ (가) 대체, (나) 전기
⑤ (가) 이월 (대) 대체

해설 대체 : 어떤 계정의 금액을 다른 계정으로 옮기는 것
전기 : 분개장에서 총계정원장에 옮겨 적는 절차

정답 05 ⑤ 06 ② 07 ④

08 다음 거래를 분개하여 총계정원장에 전기한 것으로 옳은 것은?

> 업무용 컴퓨터 책상 ₩100,000을 구입하고 대금 중 ₩40,000은 현금으로 지급하였으며 잔액은 월말에 지급하기로 하다.

① 비 품

	제좌 100,000

② 현 금

비품 40,000	

③ 미수금

상품 60,000	

④ 미지급금

	비품 60,000

⑤ 외상매입금

상품 40,000	

해설 (차) 비　　품　　100,000　　(대) 현　　금　　40,000
　　　　　　　　　　　　　　　　　　　미지급금　　60,000

09 다음 분개를 총계정원장에 전기할 때 각 계정의 ㉮와 ㉯에 들어갈 내용을 바르게 짝지은 것은?

> 11/17　(차) 현금 100,000　　　(대) 단기차입금 100,000

현 금

날짜		적요	분면	금액	날짜		적요	분면	금액
11	17	(㉮)		100,000					

단기차입금

날짜		적요	분면	금액	날짜		적요	분면	금액
					11	17	(㉯)		100,000

	㉮	㉯
①	제　좌	현　금
②	제　좌	단기차입금
③	현　금	단기차입금
④	단기차입금	제　좌
⑤	단기차입금	현　금

해설 ㉮ 현금계정 차변에는 상대계정인 단기차입금이 기록된다.
㉯ 단기차입금계정 대변에는 상대계정인 현금이 기록된다.

정답 08 ④　09 ⑤

10 **다음 중 ( ) 안에 기입할 수 있는 가장 적절한 계정과목은?**

(차) ( )	×××	(대) 매 출	×××
(차) 현 금	×××	(대) ( )	×××

① 미지급급여 ② 감가상각비
③ 매출채권 ④ 현 금
⑤ 매입채무

해설 매출을 발생시키고 현금을 증가시킬 수 있는 항목은 매출채권이다.

11 **다음 거래에 대한 원장 전기 중 잘못된 것은?**

㉠ 현금 ₩100,000을 출자하여 영업을 시작하다.
㉡ 현금 ₩40,000을 당좌예금하다.
㉢ 상품 ₩20,000을 매입하고 수표발행하여 지급하다.

① 당좌예금

차변	대변
㉡ 현 금 40,000	㉢ 상 품 20,000

② 상 품

차변	대변
㉢ 당좌예금 20,000	

③ 자 본 금

차변	대변
㉠ 현 금 100,000	

④ 현 금

차변	대변
㉠ 자 본 금 100,000	

⑤ 현 금

차변	대변
	㉡ 당좌예금 40,000

해설

자 본 금

차변	대변
	㉠ 현 금 100,000

㉠	(차) 현 금	100,000	(대) 자 본 금	100,000
㉡	(차) 당좌예금	40,000	(대) 현 금	40,000
㉢	(차) 상 품	20,000	(대) 당좌예금	20,000

정답 10 ③ 11 ③

12 다음 거래를 총계정원장의 해당계정에 바르게 전기한 것은?

(차) 건　　물	2,000	(대) 자 본 금	3,000
현　　금	1,000		

① 건　물

자 본 금 3,000	

② 자 본 금

	건　물 2,000

③ 현　금

현　금 1,000	

④ 건　물

자 본 금 2,000	

⑤ 자 본 금

건　물 3,000	

해설 1. 거래추정 : 건물 ₩2,000과 현금 ₩1,000을 출자하여 영업을 개시하다.
2. 전기하면 아래와 같다.

현　금

자본금 1,000	

건　물

자본금 2,000	

자 본 금

	제　좌 3,000

13 다음은 계정내용 중 일부이다. 1월 5일의 거래를 추정한 내용으로 맞는 것은?

현　금

1/5 제　좌	52,000	1/6 차입금	30,000
1/6 이자수익	300		

대 여 금

		1/5 현　금	50,000

이자수익

		1/5 현　금	2,000

① 현금 50,000원을 대여하다.
② 현금 50,000원을 대여하고, 현금 30,000원을 차입하다.
③ 대여금 50,000원을 회수하고, 그 이자로 현금 300원을 받다.
④ 대여금 50,000원을 회수하고, 그 이자로 현금 1,700원을 받다.
⑤ 대여금 50,000원을 회수하고, 그 이자로 현금 2,000원을 받다.

해설 (차) 현　금 52,000　(대) 대 여 금 50,000
이자수익 2,000

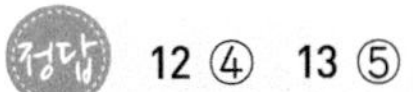
정답 12 ④ 13 ⑤

14 분개장에서 원장으로 옮겨 적는 절차를 무엇이라 하는가?

① 대 체　　② 기 장
③ 전 기　　④ 분 개
⑤ 이 월

해설 거래가 분개장 등에 기입된 후에 계정과목에 따라 분개된 거래는 각 계정으로 옮겨간다. 즉, 분개를 원장에 옮겨 적는 것을 전기라고 부른다.

15 다음 계정기입면을 보고 ㉮의 거래를 추정하면?

현 금	
㉮ 차 입 금 560,000	㉯ 이자비용 30,000
㉰ 수수료수익 70,000	

차입금	
	㉮ 현 금 560,000

① 현금 ₩560,000을 출자하여 개업하다.
② 차입금 ₩560,000을 현금으로 지급하다.
③ 대여금 ₩560,000과 그 이자 ₩70,000을 현금으로 받다.
④ 현금 ₩560,000을 차입하다.
⑤ 수수료 ₩70,000을 현금으로 지급하다.

해설 현금계정은 자산계정으로 차변에는 증가를 기입하고, 차입금계정은 부채계정으로 대변에는 증가를 기입한다. 자산의 증가와 부채의 증가의 거래이다.
(차) 현 금 560,000　　(대) 차입금 560,000

16 총계정원장 각 계정의 차변합계와 대변합계액이 일치한다는 원리는?

① 재무상태표의 원리　　② 거래의 이중성
③ 복식부기의 자기검증기능　　④ 대차평균의 원리
⑤ 수익・비용 대응원칙

해설 대차평균원리는 모든 거래를 거래의 이중성에 의해 기록하면, 거래 전체의 차변합계와 대변합계가 같다는 원리이다.

정답 14 ③ 15 ④ 16 ④

Chapter 07 장부와 전표

제1절 회계장부의 의의

회계장부(accounting books)란 재무상태와 경영성과를 파악하기 위하여 기업의 경영활동에서 발생한 거래를 기록・계산・정리하기 위한 기록부를 말한다. 회계장부는 일반적으로 주요장부와 보조장부로 나누어진다.

제2절 회계장부의 분류

주요부와 보조부로 구분하면 다음과 같다.

구분		
주요부 (main book)	분 개 장 총계정원장	
보조부 (subsidiary)	보조기입장	현금출납장, 당좌예금출납장, 소액현금출납장, 받을어음기입장, 지급어음기입장, 매입장, 매출장
	보조원장	매출처원장, 매입처원장, 상품재고장, 적송품원장, 수탁판매원장, 수탁매입원장, 유형자산대장, 판매관리비원장 등

(1) 주요부

① 분개장

거래가 발생한 시점에서 발생순서에 따라 원시적으로 기록하는 장부를 뜻하며, 총계정원장 전기에 기초가 된다.

② 총계정원장

발생순서별로 기록된 거래를 각 계정과목별로 기록하고 계정과목별 잔액과 발생액을 표시하며, 재무제표 각 항목의 기초자료가 된다.

(2) 보조부

보조부는 주요부를 보조하는 장부로서 거래가 발생한 순서별로 상세한 기록을 나타내는 보조기입장과 특정계정과 관련하여 상세한 기록을 나타내는 보조원장이 있다.

① 보조기입장

㉠ **현금출납장** : 현금거래를 거래가 발생한 순서별로 수입과 지출을 기록한다.
㉡ **당좌예금출납장** : 당좌거래에서 당좌예금의 예입 · 인출 · 잔액을 기록하여 잔액의 증감 변화를 자세히 기록한다.
㉢ **소액현금출납장** : 소액현금 거래의 증 · 감 내역을 기록한다.
㉣ **받을어음기입장** : 발생일자별로 어음상 채권의 증 · 감 내역을 기록한다.
㉤ **지급어음기입장** : 발생일자별로 어음상 채무의 증 · 감 내역을 기록한다.
㉥ **매입장** : 상품 매입거래에 관한 내역을 기록한다.
㉦ **매출장** : 상품 매출거래에 관한 내역을 기록한다.

② 보조원장

보조원장은 특정한 계정을 자세히 나타내기 위한 보조부로서 각 총계정원장과 관련이 있다.

㉠ **매출처원장** : 매출처별 외상매출금 잔액을 기록한다.
㉡ **매입처원장** : 매입처별 외상매입금 잔액을 기록한다.
㉢ **상품재고장** : 상품종류별 재고현황을 기입한다.
㉣ **유형자산대장** : 유형자산의 종류별 내용을 기록한다.
㉤ **판매관리비원장** : 항목별로 정리하여 상세히 기록한다.
㉥ **적송품원장** : 판매를 위탁하기 위하여 적송한 적송상품에 대하여 구체적으로 기록한다.

(3) 보조부와 사용되는 계정과목

보조부	관련 계정과목
① 현금출납장	현 금
② 당좌예금출납장	당좌예금
③ 매입장	매입(원가)
④ 매출장	매출(매가)
⑤ 상품재고장	이월상품(원가), 매입(원가), 매출(원가)
⑥ 매입처원장	외상매입금
⑦ 매출처원장	외상매출금
⑧ 받을어음기입장	받을어음
⑨ 지급어음기입장	지급어음

제3절 전 표

(1) 의 의

전표란 기업의 업무를 능률적으로 수행하기 위하여 거래를 건별로 기록하는 종이쪽지를 말한다. 따라서 전표회계는 각 담당부서별로 전표에 거래를 기록하고 일괄적으로 전표를 집계하여 순서대로 모으면 분개장이 되는 것을 말한다. 즉, 전표제도는 전표 내의 작성자와 상위자의 확인란이 포함되어 있어 결제와 승인기능을 수행할 수 있다.

(2) 전표회계의 유용성

① 부서별로 기장업무를 분담할 수 있다.
② 기장업무와 관련하여 책임소재가 분명하다.
③ 전표를 분개장 대신으로 사용할 수 있어서 장부조직을 간소화할 수 있다.
④ 총계정원장의 전기가 간편하다.
⑤ 장부검증수단으로 이용될 수 있다.

(3) 전표의 종류

1전표제	분개전표
3전표제	입금전표, 출금전표, 대체전표
5전표제	입금전표, 출금전표, 대체전표, 매입전표, 매출전표

(4) 전표와 총계정원장과의 관계

▶ 입금전표 · 출금전표 · 대체전표 · 매입전표 · 매출전표
└ 3전표제 ┘ (입금전표 · 출금전표 · 대체전표)
└ 5전표제 ┘ (입금전표 ~ 매출전표)

완성형 문제

1 재무상태와 경영성과를 파악하기 위하여 기업의 경영활동에서 발생한 거래를 기록, 계산, 정리하기 위한 기록부를 (   )라고 한다.

2 회계장부는 일반적으로 (   )과 총계정원장으로 구성된 주요부와 보조기입장과 보조원장으로 구성된 보조부로 구분된다.

3 거래가 발생한 시점에서 발생순서에 따라 원시적으로 기록하는 장부를 (   )이라고 한다.

4 (   )은 발생순서별로 기록된 거래를 각 계정과목별로 기록하여 계정과목별 잔액과 발생액을 표시하며 재무제표 각 항목의 기초자료가 된다.

5 보조부는 주요부를 보조하는 장부로 거래가 발생한 순서별로 상세한 기록을 나타내는 (   )과 특정계정과 관련하여 상세한 기록을 나타내는 (   )으로 구분된다.

6 상품재고장은 보조부 중에서 (   )에 해당된다.

7 3전표제는 입금전표, 출금전표 그리고 대체전표를 말하며, 5전표제는 입금전표, 출금전표, 대체전표, (   ), (   )를 말한다.

1. 회계장부
2. 분개장
3. 분개장
4. 총계정원장
5. 보조기입장, 보조원장
6. 보조원장
7. 매입전표, 매출전표

01 다음은 장부 조직에 관한 글이다. 이를 기초로 오늘날의 장부를 설명했을 때 옳은 것을 〈보기〉에서 모두 고른 것은?

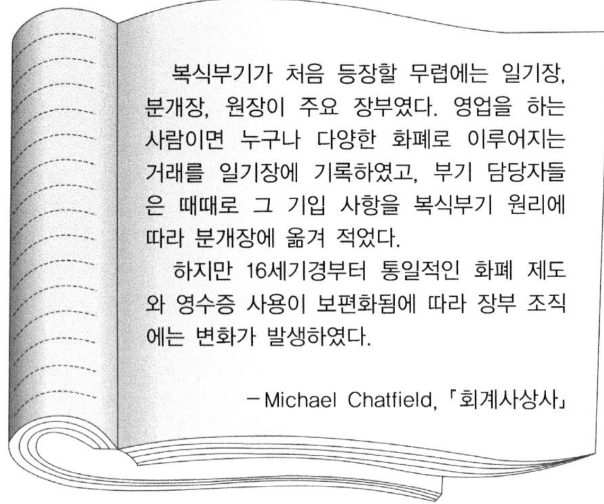

복식부기가 처음 등장할 무렵에는 일기장, 분개장, 원장이 주요 장부였다. 영업을 하는 사람이면 누구나 다양한 화폐로 이루어지는 거래를 일기장에 기록하였고, 부기 담당자들은 때때로 그 기입 사항을 복식부기 원리에 따라 분개장에 옮겨 적었다.

하지만 16세기경부터 통일적인 화폐 제도와 영수증 사용이 보편화됨에 따라 장부 조직에는 변화가 발생하였다.

－Michael Chatfield, 「회계사상사」

보 기

㉠ 오늘날은 원장에 기록된 내용을 분개장에 전기한다.
㉡ 원장은 오늘날에도 의사결정에 필요한 재무제표이다.
㉢ 분개장은 오늘날에도 거래를 발생 순서대로 기록하는 주요 장부이다.

① ㉠
② ㉢
③ ㉠, ㉡
④ ㉡, ㉢
⑤ ㉠, ㉡, ㉢

해설 ㉠ 분개장에 기록된 내용을 원장에 전기한다.
㉡ 원장은 재무제표에 해당하지 않고, 장부 중 주요부에 해당된다.

정답 01 ②

02 다음 그림을 보고 (가)에 들어갈 장부는?

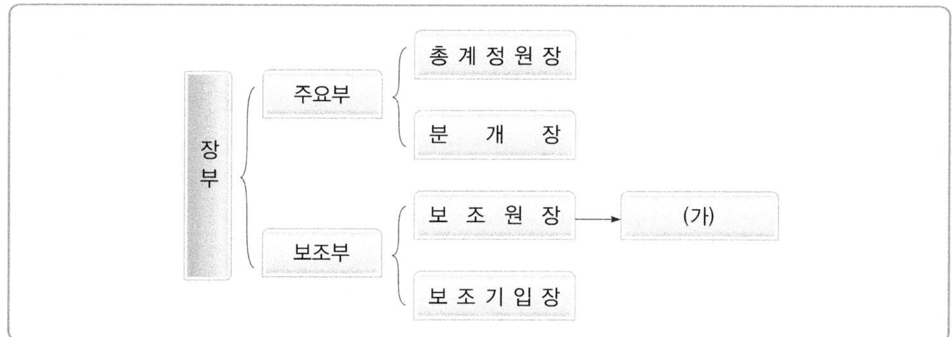

① 매입처원장 ② 현금출납장
③ 당좌예금출납장 ④ 매출장
⑤ 받을어음기입장

해설 (1) 보조원장 : 매입처원장, 매출처원장, 상품재고장(재고수불부)
(2) 보조기입장 : 현금출납장, 매입장, 매출장, 받을어음기입장, 지급어음기입장, 당좌예금출납장

03 다음 장부 중 주요부에 해당하는 것은?

① 현금출납장 ② 분개장
③ 상품재고장 ④ 매출처원장
⑤ 매입처원장

해설 주요부에는 분개장과 총계정원장이 있다.

04 장부는 주요부와 보조부로 나눌 수 있으며, 보조부는 다시 보조원장과 보조기입장으로 분류할 수 있다. 다음 중 보조기입장이 아닌 것은?

① 현금출납장 ② 상품재고장
③ 매입장 ④ 매출장
⑤ 당좌예금출납장

해설 (1) 보조기입장 : 현금출납장, 당좌예금출납장, 매입장, 매출장, 받을어음기입장, 지급어음기입장 등
(2) 보조원장 : 상품재고장, 매출처원장, 매입처원장, 수탁판매원장 등

정답 02 ① 03 ② 04 ②

05 보조기입장으로만 나열된 것은?

① 당좌예금출납장, 매입장, 매입처원장, 소액현금출납장, 상품재고장
② 당좌예금출납장, 분개장, 매출장, 상품재고장, 지급어음기입장
③ 현금출납장, 당좌예금출납장, 매입장, 총계정원장, 받을어음기입장
④ 현금출납장, 당좌예금출납장, 매입장, 매출장, 받을어음기입장
⑤ 매출처원장, 상품재고장, 매출장, 매입처원장

해설 보조기입장 : 거래발생순으로 특정항목의 증감 사항을 나타내는 보조부로서, 현금출납장, 당좌예금출납장, 매입장, 매출장, 받을어음기입장, 지급어음기입장 등이 해당된다.

06 다음 중 보조원장에 속하는 것은?

① 매입장
② 상품재고장
③ 현금출납장
④ 받을어음기입장
⑤ 매출장

해설 상품재고장은 보조원장이다.

07 다음 장부에 모두 기장되는 거래는 어느 것인가?

분개장, 총계정원장, 매출장, 매출처원장, 상품재고장

① 상품 ₩100,000을 외상으로 매출하다.
② 상품 ₩100,000을 현금으로 받고 인도하다.
③ 상품 ₩100,000을 외상으로 매입하다.
④ 상품 ₩100,000을 현금으로 주고 인수하다.
⑤ 상품 ₩100,000을 매입하고 수표발행하여 지급하다.

해설 (차) 외상매출금 100,000 (대) 매출(상품) 100,000

정답 05 ④ 06 ② 07 ①

08 다음의 거래가 기입될 장부를 〈보기〉에서 바르게 짝지은 것은?

상품 500,000원을 (주)세무로부터 매입하고, 대금 중 400,000원은 당좌수표를 발행하여 지급하고, 잔액은 외상으로 하다. 단, 인수운임 30,000원은 현금으로 지급하다.

보기

㉠ 현금출납장 ㉡ 당좌예금출납장
㉢ 상품재고장 ㉣ 매출장
㉤ 매입장 ㉥ 매입처원장
㉦ 매출처원장 ㉧ 지급어음기입장
㉨ 받을어음기입장

① ㉠, ㉡, ㉢, ㉤, ㉨
② ㉡, ㉢, ㉥, ㉦, ㉨
③ ㉠, ㉡, ㉢, ㉤, ㉥
④ ㉢, ㉤, ㉥, ㉦, ㉧
⑤ ㉠, ㉡, ㉢, ㉣

해설 상품재고장 : 상품의 종류별로 입고(매입) 및 출고(매출)의 수량을 기입하여 상품의 현재 재고액을 파악하기 위하여 작성하는 보조원장이다.

(차) 매입(상품)	530,000	(대) 당 좌 예 금	400,000
		외상매입금	100,000
		현 금	30,000

09 다음 거래를 회계처리할 때 기장해야 할 보조장부로 옳은 것을 〈보기〉에서 고른 것은?

거래처인 ○○회사에 대한 외상매입금 ₩500,000 중 ₩300,000은 약속어음(어음번호 자차12312012, 지급장소 △△은행, 발행일자 20×7년 7월 16일, 만기일자 20×7년 10월 16일)을 발행해 주고, 잔액은 현금으로 지급하다.

보기

㉠ 매입처원장 ㉡ 상품재고장
㉢ 당좌예금출납장 ㉣ 지급어음기입장

① ㉠, ㉡
② ㉠, ㉢
③ ㉠, ㉣
④ ㉡, ㉢
⑤ ㉢, ㉣

해설

(차) 외상매입금	500,000	(대) 지급어음	300,000
		현 금	200,000

정답 08 ③ 09 ③

10 **전표회계의 특징을 설명한 것으로 옳지 않은 것은?**

① 기장 사무를 분담할 수 있다.
② 전표를 사용함으로써 장부조직이 복잡해진다.
③ 전기의 횟수를 줄일 수 있다.
④ 기록에 대한 책임소재가 분명하다.
⑤ 총계정원장에 전기가 간편하다.

해설 전표를 분개장 대신 사용할 수 있어서 장부조직을 간소화할 수 있다.

11 **다음 출금전표에 대한 설명 중 맞는 것은?**

No.160	출금전표 20×9년 10월 2일	계		과장		부장	

과 목	매입계정	성 명	서울상점				
적 요		대 변					
A상품 30개 @₩2,000				6	0	0	0	0
합 계			₩	6	0	0	0	0

① 분개를 하면 (차) 현금 60,000원 (대) 매출 60,000원이다.
② 출금전표에서는 현금이라는 자산이 증가된다.
③ 위 서울상점은 매입처를 나타낸다.
④ 출금전표는 상품을 매출하였을 때 작성한다.
⑤ 출금전표에 기록된 서울상점은 매출처이다.

해설 ① 분개 : (차) 매입(상품) 60,000원 (대) 현금 60,000원
② 출금전표는 현금이 지출될 때 사용되는 전표이므로 현금 자산이 감소된다.
④ 출금전표는 상품을 매입하고 현금을 지급하였을 때 작성한다.
⑤ 출금전표에 나타난 서울상점은 매입처이다.

정답 10 ② 11 ③

12 **하나의 거래를 두 개의 전표에 기록한 내용이다. 거래추정 내용이 맞는 것은?**

No.160	출금전표 20×9년 5월 20일	계		과장		부장	

과 목	매입계정	성 명	서울상점
적 요		대 변	
A상품 400개(@₩200) 매입, 잔액은 외상			30000
합 계			₩30000

No.159	대체전표 20×9년 5월 20일	계		과장		부장	

계정과목	차 변	계정과목	대 변
매 입	50000	외상매입금	50000
합 계	₩50000	합 계	₩50000
적 요	서울상점 A상품 400개 @₩200		

① 상품 80,000원을 외상으로 매입하다.
② 상품 80,000원을 매입하고 대금 중 50,000원은 현금으로 지급하고 잔액은 외상으로 하다.
③ 상품 80,000원을 매입하고 대금 중 30,000원은 현금으로 지급하고 잔액은 외상으로 하다.
④ 상품 80,000원을 매입하고 대금 중 50,000원은 외상으로 하고, 잔액은 수표발행지급하다.
⑤ 서울상점은 매출처이다.

해설 분개 : 출금전표 : 5/20 (차) 매입(상품) 30,000 (대) 현 금 30,000
대체전표 : 5/20 (차) 매입(상품) 50,000 (대) 외상매입금 50,000

13 **다음과 같은 4월 6일 전표에 의해 일계표를 작성하고자 한다. 일계표 차변합계 금액으로 옳은 것은?**

입금전표	
대 여 금	₩50,000

입금전표	
외상매출금	₩10,000

입금전표	
매 출	₩100,000

출금전표	
매 입	₩60,000

대체전표

매 입 ₩20,000	외상매입금 ₩20,000

대체전표

외상매출금 ₩30,000	매 출 ₩30,000

① ₩150,000
② ₩270,000
③ ₩160,000
④ ₩250,000
⑤ ₩300,000

해설 일계표의 합계는 분개장의 합계와 일치하므로 분개 후 합계를 계산하면 된다.
50,000 + 10,000 + 100,000 + 60,000 + 20,000 + 30,000 = ₩270,000

정답 12 ③ 13 ②

Chapter 08 결 산

제1절 결산의 의의

결산(closing)이란 회계기간 또는 사업연도가 종료된 후 일정한 시점에서 기업의 재무상태, 일정한 기간에 있어서 기업의 경영성과, 그리고 재무상태의 변동을 명확히 하기 위해 행하는 절차를 말한다.

제2절 결산의 절차

결산 예비 절차	⇨	결산 본 절차	⇨	재무보고서 작성
① 수정전시산표 작성 ② 재고조사표 작성 ③ 결산정리분개 기입 ④ 수정후시산표 작성 정산표 작성(선택)		① 집합손익계정 설정 ② 수익 · 비용계정 마감 ③ 집합손익계정 정리로 당기순손익 확정 ④ 자산 · 부채 · 자본계정 마감 ⑤ 계정 및 장부 마감 이월시산표 작성		[재무제표 작성] ① 기말 재무상태표 ② 기간 포괄손익계산서 ③ 기간 자본변동표 ④ 기간 현금흐름표 ⑤ 주석(유의적인 회계정책의 요약 및 그 밖의 설명으로 구성)

제3절 시산표의 작성

(1) 시산표의 의의

시산표(T/B ; Trial Balance)는 분개 및 전기의 정확성을 검증하기 위해 대차평균(평형)의 원리에 의해 작성하는 일람표를 말한다. 시산표는 모든 계정과 각 계정의 잔액 등을 집계하고 작성하여 모든 계정의 차변합계와 대변합계의 일치성을 확인한다. 만일 일치하지 않는다면 분개나 전기의 과정에서 오류가 있었음을 의미한다. 따라서 시산표는 분개와 전기의 정확성을 검토하며 모든 계정을 대상으로 하므로 시산표를 통해서 재무상태와 경영성과를 개괄적으로 파악할 수 있다는 특징을 갖는다.

회계등식과 시산표등식

[회계등식]

자산 = 부채 + 자본

= 부채 + [자본금 + 기초이익잉여금 + (수익 − 비용) − 배당금]

[잔액 시산표등식]

자산 + 비용 = 부채 + 자본 + 수익

자산 + 비용 + 배당금 = 부채 + 자본금 + 기초이익잉여금 + 수익

(2) 시산표의 종류

① 작성방법에 따른 분류

시산표는 계정과목에 기재되는 금액의 성격에 따라 합계시산표, 잔액시산표, 합계잔액시산표 등 세 가지로 구분된다. 합계시산표는 모든 계정에 대하여 각 계정의 차변합계액을 시산표 차변에 기입하고, 대변합계액을 시산표의 대변에 기입하여 작성하는 일람표이다. 잔액시산표는 모든 계정에 대하여 각 계정의 증가액에서 감소액을 차감한 잔액을 각각 차변과 대변에 표시한다. 마지막으로 합계잔액시산표는 합계시산표와 잔액시산표를 하나로 결합한 시산표로 회계실무에서 가장 많이 작성하는 시산표라 할 수 있다.

기초다지기 1

다음 필승사의 총계정원장을 참조하여 각 물음에 답하시오.

현 금

차변		대변	
1/10 자 본 금	1,000,000	4/20 비 품	400,000
3/11 단기차입금	700,000	5/7 제 좌	520,000
9/20 임 대 료	200,000	6/10 외상매입금	100,000
12/10 수수료수익	30,000	10/15 급 여	50,000

상 품

차변		대변	
2/5 외상매입금	300,000		

비 품

차변		대변	
4/20 현 금	400,000		

외상매입금

차변		대변	
6/10 현 금	100,000	2/5 상 품	300,000

단기차입금

차변		대변	
5/7 현 금	500,000	3/11 현 금	700,000

자본금

차변		대변	
		1/10 현 금	1,000,000

임대료

차변		대변	
		9/20 현 금	200,000

수수료수익

차변		대변	
		12/10 현 금	30,000

급 여

차변		대변	
10/15 현 금	50,000		

이자비용

차변		대변	
5/7 현 금	20,000		

01 합계시산표를 작성하시오.

02 잔액시산표를 작성하시오.

03 합계잔액시산표를 작성하시오.

1.

합계시산표

차 변	계정과목	대 변
1,930,000	현 금	1,070,000
300,000	상 품	
400,000	비 품	
50,000	급 여	
20,000	이 자 비 용	
100,000	외 상 매 입 금	300,000
500,000	단 기 차 입 금	700,000
	자 본 금	1,000,000
	임 대 료	200,000
	수 수 료 수 익	30,000
3,300,000		3,300,000

2. 잔액시산표

차 변	계정과목	대 변
860,000	현 금	
300,000	상 품	
400,000	비 품	
50,000	급 여	
20,000	이 자 비 용	
	외 상 매 입 금	200,000
	단 기 차 입 금	200,000
	자 본 금	1,000,000
	임 대 료	200,000
	수 수 료 수 익	30,000
1,630,000		1,630,000

3. 합계잔액시산표

차 변		계정과목	대 변	
잔 액	합 계		합 계	잔 액
860,000	1,930,000	현 금	1,070,000	
300,000	300,000	상 품		
400,000	400,000	비 품		
50,000	50,000	급 여		
20,000	20,000	이 자 비 용		
	100,000	외 상 매 입 금	300,000	200,000
	500,000	단 기 차 입 금	700,000	200,000
		자 본 금	1,000,000	1,000,000
		임 대 료	200,000	200,000
		수 수 료 수 익	30,000	30,000
1,630,000	3,300,000		3,300,000	1,630,000

② 작성하는 시점에 따른 분류

시산표는 작성하는 시점에 따라 수정전시산표, 수정후시산표 그리고 마감후시산표(이월시산표)로 구분할 수 있다. 수정전시산표는 회계기간 중에 발생된 거래에 대한 회계처리를 기초로 작성된 것이며 수정분개를 하기 전의 시산표를 말한다. 따라서 기업의 재무상태나 경영성과를 적정하게 나타내지 못한다. 반면에 수정후시산표는 수정전시산표에서 수정분개를 반영한 후 시산표를 뜻한다. 또한 각 계정을 마감한 후 마감절차를 검증하고 재무상태표가 도출되는 시산표를 마감후시산표(이월시산표)라고 한다.

기초다지기 2

기초다지기 1을 참조하되 다음의 기말정리사항을 고려하여 답하시오.

(기말정리사항)
1. 급여 미지급분 ₩20,000을 추가로 계상하다.
2. 임대료 미수분 ₩15,000을 추가로 계상하다.

01 기말 수정분개를 제시하시오.

02 관련 총계정원장에 수정기입을 하시오.

03 기말정리사항을 고려한 수정후잔액시산표를 작성하시오.

풀이 1. 기말 수정분개

(1)	(차) 급　　　여	20,000	(대)	미지급급여	20,000
(2)	(차) 미수임대료	15,000	(대)	임　대　료	15,000

2.

임대료

차변			대변		
			9/20	현　금	200,000
			12/31	미수임대료	15,000

급 여

차변			대변		
10/15	현　금	50,000			
12/31	미지급급여	20,000			

미수임대료

차변			대변		
12/31	임대료	15,000			

미지급급여

차변			대변		
			12/31	급여	20,000

3.

수정후잔액시산표

차 변	계정과목	대 변
860,000	현　　금	
15,000	미수임대료	
300,000	상　　품	
400,000	비　　품	
70,000	급　　여	
20,000	이 자 비 용	
	외상매입금	200,000
	미지급급여	20,000
	단기차입금	200,000
	자 본 금	1,000,000
	임 대 료	215,000
	수수료수익	30,000
1,665,000		1,665,000

(3) 시산표상의 오류

① 시산표에서 발견할 수 있는 오류

㉠ 차변과 대변 금액이 불일치한 경우
㉡ 차변항목인 자산이나 비용계정을 대변항목인 부채 또는 자본이나 수익계정을 사용하거나 그 반대의 경우
㉢ 일부 계정의 전기를 누락한 경우
㉣ 일부 계정의 이중전기 또는 전기금액의 오기, 계정 집계상의 계산 오류

② 시산표에서 발견할 수 없는 오류

㉠ 어떤 거래를 이중으로 분개하거나 이중으로 전기한 경우
㉡ 거래 전체의 분개가 누락되거나 전기가 누락된 경우
㉢ 차변과 대변 모두 잘못된 금액으로 분개하거나 전기한 경우
㉣ 다른 계정과목의 같은 변에 분개하거나 전기한 경우
㉤ 둘 이상의 오류가 우연히 서로 상계(상쇄)된 경우

제4절 재고조사표

총계정원장의 잔액과 실제 재고는 일치하여야 한다. 만약 불일치할 경우 이를 일치시키기 위해 재고조사를 통하여 실사하고 결과를 기록하는데 이러한 일람표를 재고조사표라고 한다. 따라서 재고조사표는 기말정리사항을 기입하는 장부를 말한다. 이 경우 시산표상 장부잔액과 재고조사표상 실제금액의 차이를 수정하는 것을 결산정리(기말정리)라고 하며, 이를 분개하여 각 총계정원장에 수정기입하여야 한다.

제5절 정산표

정산표(work sheet)는 결산과정을 하나의 표에 나타낼 수 있도록 고안된 양식으로 시산표, 재무상태표, 포괄손익계산서를 집계하여 작성한다. 정산표는 수정전시산표, 수정기입, 수정후시산표, 재무상태표, 포괄손익계산서로 구성된 10위식, 이 중 수정후시산표를 제외하면 8위식, 수정기입, 수정후시산표를 제외하면 6위식 정산표가 된다. 결산시 기말정리사항을 기입하기 전 수정전시산표를 기초로 정리분개를 행하고 재무제표가 작성되며 정산표는 반드시 작성해야 하는 회계장부가 아닌 선택사항이므로 실무적으로 생략하는 경우가 많다.

정 산 표

(주)지리산 (단위 : 천원)

계정과목	수정전시산표		수정분개		수정후시산표		포괄손익계산서		재무상태표	
	차변	대변	차변	대변	차변	대변	차변	대변	차변	대변

기초다지기 **3**

기초다지기 1과 2를 이용하여 정산표를 작성하시오.

풀이

계정과목	잔액시산표		수정분개		포괄손익계산서		재무상태표	
	차변	대변	차변	대변	차변	대변	차변	대변
현 금	860,000						860,000	
미수임대료			15,000				15,000	
상 품	300,000						300,000	
비 품	400,000						400,000	
급 여	50,000		20,000		70,000			
이 자 비 용	20,000				20,000			
외상매입금		200,000						200,000
미지급급여				20,000				20,000
단기차입금		200,000						200,000
자 본 금		1,000,000						1,000,000
임 대 료		200,000		15,000		215,000		
수수료수익		30,000				30,000		
당기순이익					155,000			155,000
합 계	1,630,000	1,630,000	35,000	35,000	245,000	245,000	1,575,000	1,575,000

제6절 장부의 마감

(1) 의 의

기말 수정분개가 끝나고 모든 기입이 정확하게 이루어졌다면 총계정원장과 기타의 장부를 마감해야 한다. 재무제표의 구성요소인 총계정원장의 마감은 특히 중요한데 원장에 있는 계정의 변동을 당기와 차기의 변동으로 구분하기 위해 기재하는 것을 뜻한다. 총계정원장은 명목계정을 나타내는 수익과 비용계정과 잔액이 실제로 존재하는 영구계정인 자산, 부채 그리고 자본계정이 있다. 따라서 이들은 각각 성격이 다르므로 마감방법도 상이하다. 먼저 경영성과를 계산하기 위해서 명목계정인 수익과 비용계정을 마감하여 잔액을 0으로 만들어 당기 수익이나 비용이 차기의 수익이나 비용으로 보고되는 일이 없도록 해야 한다. 그리고 자산, 부채, 자본계정은 각 계정의 잔액이 실제로 존재하므로 해당 계정이 없어지기 전까지 회사의 장부에 영구적으로 남게 된다. 따라서 마감방법도 기말 잔액을 이월하는 방식으로 마감한다.

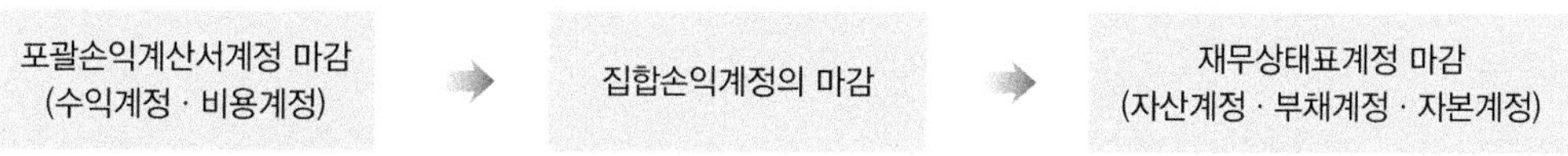

(2) 수익 · 비용계정의 마감

수익과 비용계정은 각 계정의 잔액을 다음해로 이월하지 않는 명목계정이므로 마감시 수익계정 대변 발생액을 차변에 기입하고, 비용계정 차변 발생액은 대변에 기입하여 집합손익계정에 대체하여 해당계정을 '0'으로 만든다.

① 수익계정의 마감

(차)	수 익 계 정	×××*	(대)	집 합 손 익	×××

② 비용계정의 마감

(차)	집 합 손 익	×××**	(대)	비 용 계 정	×××

* 마감계정 ** 대체계정

(3) 집합손익계정의 마감

집합손익계정으로 대체된 모든 수익계정(총수익)과 모든 비용(총비용)이 대응되어 당기순손익이 산출되어 자본계정으로 대체된다.

① 당기순이익인 경우

(차) 집합손익 ×××　(대) 이익잉여금 ×××

② 당기순손실인 경우

(차) 이익잉여금 ×××　(대) 집합손익 ×××

▶ 집합손익계정에서 산출된 당기순손익은 개인기업은 자본금계정으로, 주식회사는 이익잉여금계정으로 대체된다.

기초다지기 4

다음 필승사의 포괄손익계산서계정을 마감하시오.

임대료

	9/20 현 금 200,000
	12/31 미수임대료 15,000

수수료수익

	12/10 현 금 30,000

급 여

10/15 현 금 50,000	
12/31 미지급급여 20,000	

이자비용

5/7 현 금 20,000	

풀이

임대료

12/31 집합손익	215,000	9/20 현 금	200,000
		12/31 미수임대료	15,000
	215,000		215,000

수수료수익

12/31 집합손익	30,000	12/10 현 금	30,000

급 여

10/15 현 금	50,000	12/31 집합손익	70,000
12/31 미지급급여	20,000		
	70,000		70,000

이자비용

5/7 현 금	20,000	12/31 집합손익	20,000

(1) 수익계정 대체

(차)	임 대 료	215,000	(대)	집합손익	215,000
	수수료수익	30,000		집합손익	30,000

(2) 비용계정 대체

(차)	집 합 손 익	70,000	(대)	급 여	70,000
	집 합 손 익	20,000		이 자 비 용	20,000

(3) 당기순이익 대체

(차)	집 합 손 익	155,000	(대)	이익잉여금	155,000

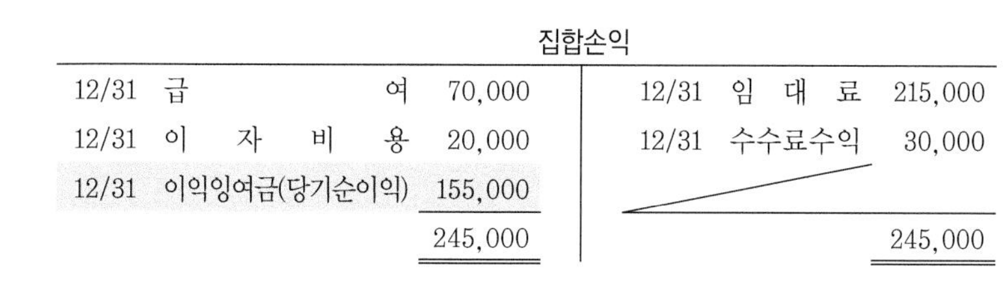

집합손익

일자	적요	금액	일자	적요	금액
12/31	급 여	70,000	12/31	임 대 료	215,000
12/31	이 자 비 용	20,000	12/31	수수료수익	30,000
12/31	이익잉여금(당기순이익)	155,000			
		245,000			245,000

(4) 재무상태표계정의 마감

재무상태표계정은 잔액을 차기로 이월하는 실질계정이므로 장부마감도 자산·부채·자본계정의 잔액을 이월하는 형식으로 마감한다. 마감시 자산계정은 차변에 잔액이 생기므로 대변에 차기이월로 표시하여 마감하고, 부채와 자본은 대변에 잔액이 생기므로 차변에 차기이월로 표시하여 마감하고 각 계정의 차기의 전기말 잔액을 전기이월로 표시한다.

기초다지기 5

다음 재무상태표계정을 마감하고 이월시산표를 작성하시오.

풀이 1. 재무상태표계정 마감

현 금

일자	적요	금액	일자	적요	금액
1/10	자 본 금	1,000,000	4/20	비 품	400,000
3/11	단기차입금	700,000	5/7	제 좌	520,000
9/20	임 대 료	200,000	6/10	외상매입금	100,000
12/10	수수료수익	30,000	10/15	급 여	50,000
			12/31	**차기이월**	**860,000**
		1,930,000			1,930,000
1/1	전 기 이 월	860,000			

상 품

일자	적요	금액	일자	적요	금액
2/5	외상매입금	300,000	**12/31**	**차기이월**	**300,000**
1/1	전 기 이 월	300,000			

비 품

일자	적요	금액	일자	적요	금액
4/20	현 금	400,000	**12/31**	**차기이월**	**400,000**
1/1	전기이월	400,000			

외상매입금

일자	적요	금액	일자	적요	금액
6/10	현 금	100,000	2/5	상 품	300,000
12/31	**차기이월**	**200,000**			
		300,000			300,000
			1/1	전기이월	200,000

단기차입금

일자	적요	금액	일자	적요	금액
5/7	현 금	500,000	3/11	현 금	700,000
12/31	**차기이월**	**200,000**			
		700,000			700,000
			1/1	전 기 이 월	200,000

자본금

일자	적요	금액	일자	적요	금액
12/31	**차기이월**	**1,000,000**	1/10	현 금	1,000,000
			1/1	전기이월	1,000,000

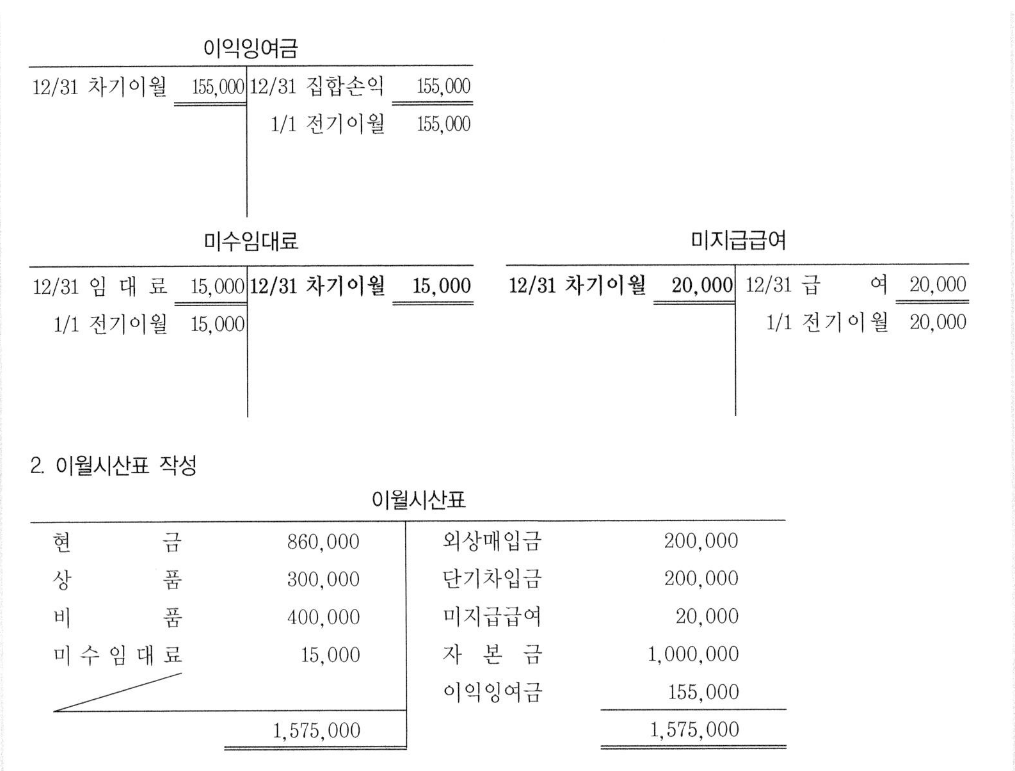

이익잉여금

12/31 차기이월	155,000	12/31 집합손익	155,000
		1/1 전기이월	155,000

미수임대료

12/31 임 대 료	15,000	**12/31 차기이월**	**15,000**
1/1 전기이월	15,000		

미지급급여

12/31 차기이월	**20,000**	12/31 급 여	20,000
		1/1 전기이월	20,000

2. 이월시산표 작성

이월시산표

현 금	860,000	외상매입금	200,000
상 품	300,000	단기차입금	200,000
비 품	400,000	미지급급여	20,000
미 수 임 대 료	15,000	자 본 금	1,000,000
		이익잉여금	155,000
	1,575,000		1,575,000

(5) 분개장과 보조부의 마감

총계정원장의 마감이 완료되면 분개장과 기타의 장부를 마감한다.

제7절 재무제표 작성

재무제표 작성은 결산의 후절차에서 작성된다. 장부의 마감이 끝나면 기업은 후절차를 통해서 다음과 같은 재무제표를 작성한다.

재무제표 작성

전체 재무제표는 다음을 모두 포함하여야 한다.
① 기말 재무상태표
② 기간 포괄손익계산서
③ 기간 자본변동표
④ 기간 현금흐름표
⑤ 주석(유의적인 회계정책의 요약 및 그 밖의 설명으로 구성)
⑥ 회계정책을 소급적용하거나, 재무제표의 항목을 소급하여 재작성 또는 재분류하는 경우 가장 이른 비교기간의 기초 재무상태표

한국채택국제회계기준에서는 재무제표에 표시할 최소한의 계정만 제시할 뿐 재무제표의 세부순서, 형식 등을 규정하고 있지 않다. 다만, 기업의 선택에 따라 재무제표에 계정과목, 제목 및 중간합계를 추가 기재하는 것을 허용한다.

기초다지기 6

기초다지기 1과 2를 참조하여 재무상태표와 포괄손익계산서를 작성하시오.

풀이 1. 포괄손익계산서 작성

포괄손익계산서

(주)필승 20×7. 1. 1. ~ 20×7. 12. 31.

급 여	70,000	임 대 료	215,000
이 자 비 용	20,000	수수료수익	30,000
당기순이익	155,000		
	245,000		245,000

2. 재무상태표 작성

재무상태표

(주)필승 20×7. 12. 31. 현재

현금및현금성자산	860,000	단기차입금	200,000
미 수 임 대 료	15,000	매 입 채 무	200,000
상 품	300,000	미지급급여	20,000
비 품	400,000	자 본 금	1,000,000
		이익잉여금	155,000
	1,575,000		1,575,000

완성형 문제

1 (　　　)이란 회계기간이 종료된 후 일정한 시점에서 기업의 재무상태, 일정한 기간 동안의 기업의 경영성과 그리고 재무상태의 변동을 명확히 하기 위해 행하는 절차를 말한다.

2 시산표 작성과 기말 수정분개는 결산의 절차 중에서 (　　　)절차에 속한다.

3 시산표는 분개 및 전기의 정확성을 검증하기 위해 (　　　)에 의해 작성하는 일람표를 말한다.

4 잔액시산표 등식은 자산 + (　　　) = 부채 + (　　　) + 수익이다.

5 시산표는 계정과목에 기재되는 금액의 성격에 따라 (　　　)시산표, (　　　)시산표, (　　　)시산표로 구분된다.

6 회계기간 중에 발생된 거래에 대한 회계처리를 기초로 작성된 것으로 수정분개를 하기 전의 시산표를 (　　　)라고 한다.

7 결산정리사항이 반영된 시산표를 (　　　)라고 한다.

8 차변항목인 자산이나 비용계정을 대변항목인 부채 또는 자본이나 수익계정을 사용하거나 그 반대의 경우는 시산표상에서 (　　　) 오류이다.

9 어떤 거래를 이중으로 분개하거나 이중으로 전기한 경우는 시산표상에서 (　　　) 오류이다.

10 총계정원장의 마감은 먼저 (　　　)과 (　　　)을 마감하여 잔액을 0으로 만들고, (　　　), (　　　), (　　　)은 각 계정의 잔액이 실제로 존재하므로 이월하는 방법으로 마감한다.

11 집합손익계정에서 당기순손익이 발생한 경우 (　　　)계정의 증가로 회계처리한다.

1. 결산　　2. 예비
3. 대차평균(평형)의 원리　　4. 비용, 자본
5. 합계, 잔액, 합계잔액　　6. 수정전시산표
7. 수정후시산표　　8. 발견할 수 있는
9. 발견할 수 없는
10. 수익계정, 비용계정, 자산계정, 부채계정, 자본계정
11. 이익잉여금

01 일반적인 회계처리 순서로 보기 어려운 것은?

① 거래발생 – 분개 – 전기
② 분개장 – 원장 – 수정전시산표
③ 수정전시산표 – 수정사항 – 수정후시산표 – 재무제표
④ 집합손익 – 수정전시산표 – 수정후시산표 – 이익잉여금
⑤ 포괄손익계산서계정 마감 – 재무상태표계정 마감 – 기타장부 마감

해설 거래의 식별 ⇨ 분개 ⇨ 전기 ⇨ 수정전시산표 작성 ⇨ 수정분개 ⇨ 수정후시산표 작성(또는 정산표 작성) ⇨ 장부마감(마감분개) ⇨ 재무제표 작성

02 다음 결산순서를 바르게 표시한 항목은?

㉠ 재고조사표 작성	㉡ 시산표 작성
㉢ 이월시산표 작성	㉣ 총계정원장의 마감
㉤ 재무제표 작성	

① ㉠–㉡–㉢–㉣–㉤
② ㉡–㉣–㉠–㉢–㉤
③ ㉡–㉠–㉣–㉢–㉤
④ ㉠–㉡–㉣–㉢–㉤
⑤ ㉢–㉠–㉡–㉣–㉤

(1) 예비 절차 ⇨ ㉡ 시산표 작성, ㉠ 재고조사표 작성
(2) 본 절차 ⇨ ㉣ 총계정원장의 마감, ㉢ 이월시산표 작성
(3) 보고서 작성 ⇨ ㉤ 재무제표 작성

03 총계정원장에 전기의 장부를 검증하기 위하여 작성하는 일람표는?

① 재무상태표
② 재고조사표
③ 정산표
④ 시산표
⑤ 포괄손익계산서

해설 시산표는 대차평균원리에 의하여 기중거래에 대한 장부기록의 정확성을 검증하는 일람표이다.

04 **다음은 결산절차를 나타낸 것이다. (가), (나), (다) 안에 들어갈 내용이 맞는 것은?**

> (가) 예비 절차 : 시산표 작성 및 재고조사표 수정 기입 (　　가　　)
> (나) 본 절차 : 총계정원장의 마감 (　　나　　)
> (다) 결산보고서 : 재무상태표 작성 (　　다　　)

	(가)	(나)	(다)
①	결산정리사항의 수정	정산표 작성	포괄손익계산서의 작성
②	정산표 작성	분개장 마감	포괄손익계산서의 작성
③	포괄손익계산서 작성	정산표 작성	현금흐름표의 작성
④	분개장 마감	보조부 마감	주석의 표기
⑤	정산표 작성	보조부 마감	결산정리사항의 수정

해설 (1) 예비 절차 : 결산정리사항의 수정, 정산표 작성
(2) 본 절차 : 총계정원장 마감, 분개장 마감, 보조부 마감
(3) 결산보고 절차 : 재무제표 작성

05 **계정과목별 전기가 총계정원장에 정확하게 되었는지 확인할 수 있는 표는 시산표이다. 다음 시산표 등식의 (　　　) 안에 들어갈 알맞은 것은?**

> 시산표 등식 ⇨ 기말자산 + 총비용 = 기말부채 + (　　　) + 총수익

① 기초자본　　② 기말자본
③ 기초부채　　④ 당기순손실
⑤ 당기순이익

해설 예비절차에서 시산표는 당기순이익이 반영되기 전의 자본이다.

06 **다음 등식 중 옳은 것은? (단, 자본조정과 기타포괄손익누계액은 고려하지 않음)**

① 자본 = 부채 − 자산
② 자산 + 기초이익잉여금 + 비용 + 배당 = 부채 + 자본금 + 자본잉여금 + 수익
③ 자산 + 비용 + 배당 = 부채 + 자본금 + 자본잉여금 + 기초이익잉여금 + 수익
④ 자산 + 수익 + 배당 = 부채 + 자본금 + 자본잉여금 + 기초이익잉여금 + 비용
⑤ 자산 + 비용 = 부채 + 자본금 + 자본잉여금 + 기초이익잉여금 + 수익 + 배당

해설 ① 자본 = 자산 − 부채
②④⑤ 자산 + 비용 + 배당 = 부채 + 자본금 + 자본잉여금 + 기초이익잉여금 + 수익

정답 04 ② 05 ① 06 ③

07 **잔액시산표에 대한 설명으로 옳지 않은 것은?**

① 계정과목의 정확성을 검증하기 위해 만든다.
② 시산표상의 자본은 당기순손익이 반영되지 않은 금액이다.
③ 대차평균의 원리에 의하여 자기검증기능이 있다.
④ 차변합계와 대변합계액이 일치하는 경우에도 오류의 발생가능성이 있다.
⑤ 차변과 대변을 동시에 기입하지 않아 누락된 경우는 시산표상 발견될 수 없는 오류이다.

해설 잔액시산표는 총계정원장에 기입된 금액의 정확 여부를 확인하는 것이지, 계정과목의 정확성을 검증하기 위한 것은 아니다.

08 **다음 시산표상 대차금액이 일치하지 않는 원인이 되는 계정과목과 수정된 시산표 합계액은?**

차 변	계정과목	대 변
30,000원	현 금	
120,000원	매 출 채 권	
29,000원	단기대여금	
	미 지 급 금	16,000원
113,000원	자 본 금	
	이익잉여금	80,000원
	임 차 료	30,000원
292,000원		126,000원

	계정과목	금 액
①	자본금, 임차료	209,000원
②	매출채권, 자본금	239,000원
③	이익잉여금, 임차료	239,000원
④	자본금, 미지급금	209,000원
⑤	단기대여금, 현금	59,000원

해설 자본금은 대변, 임차료는 차변에 기재
(1) 차변합계 : 30,000 + 120,000 + 29,000 + 30,000 = ₩209,000
(2) 대변합계 : 16,000 + 80,000 + 113,000 = ₩209,000

정답 07 ① 08 ①

09 **잔액시산표상의 차변 · 대변 총계가 각각 ₩5,000,000일 때, 당기손익-공정가치측정 금융자산을 현금 ₩150,000으로 구입한 분개가 추가적으로 이루어질 경우 잔액시산표의 차변 · 대변 총계는 각각 얼마인가?**

① ₩5,000,000 ② ₩5,150,000
③ ₩6,000,000 ④ ₩6,350,000
⑤ ₩7,100,000

당기손익-공정가치측정 금융자산의 구입분개
(차) 당기손익-공정가치측정 금융자산 150,000 (대) 현금 150,000
당기손익-공정가치측정 금융자산의 잔액은 증가하며, 현금계정의 잔액은 감소한다. 자산 총계에 영향을 주지 않으므로 잔액시산표의 차변합계와 대변합계는 종전과 동일한 ₩5,000,000이다.

10 **(주)합격은 기초에 단기차입금 잔액이 ₩500,000이었으며 당기 중에 ₩300,000을 상환하였으나, 단기적인 자금악화로 인하여 추가적으로 ₩200,000을 차입하였다. 다음 중 (주)합격의 합계잔액시산표에 단기차입금을 가장 적절히 나타낸 것은?**

	차변잔액	차변합계	계정과목	대변합계	대변잔액
①	–	300,000	단기차입금	500,000	200,000
②	–	–	단기차입금	400,000	400,000
③	–	300,000	단기차입금	700,000	400,000
④	400,000	700,000	단기차입금	300,000	–
⑤	–	500,000	단기차입금	–	–

기초에 단기차입금 잔액이 500,000원이었으며 당기 중에 300,000원을 상환하다.
(차) 단기차입금 300,000 (대) 현 금 300,000
단기적인 자금악화로 인하여 추가적으로 200,000원을 차입하였다.
(차) 현 금 200,000 (대) 단기차입금 200,000

11 **다음 중 시산표를 통해서 발견할 수 있는 오류는?**

① 거래의 이중분개가 행해진 경우
② 특정계정의 차변에 전기할 것을 대변에 전기한 경우
③ 실제 거래금액과는 다르지만 대차 동일한 금액으로 전기한 경우
④ 거래의 분개가 행해지지 않은 경우
⑤ 거래의 분개시 차변과 대변의 금액은 일치하나 계정과목을 잘못 선택한 경우

해설 시산표는 대차평균원리로 작성하는 일람표이므로 시산표를 통해서 발견할 수 있는 오류는 차변과 대변이 불일치하는 경우이다. 따라서 차변에 전기할 것을 대변에 전기하면 불일치하는 상황이고 나머지는 금액적으로는 차변과 대변이 일치하는 상황이다.

정답 09 ① 10 ③ 11 ②

12 다음 중 잔액시산표에서 발견할 수 있는 오류는?

① 기계장치를 현금으로 구입한 거래를 두 번 반복하여 기록하였다.
② 사채계정의 잔액을 당기손익 - 공정가치측정 금융자산계정의 차변에 기입하였다.
③ 차량운반구계정의 잔액을 투자부동산계정의 차변에 기입하였다.
④ 개발비계정의 잔액을 경상개발비계정의 차변에 기입하였다.
⑤ 미지급금을 현금으로 지급한 거래에 대한 회계처리가 누락되었다.

해설 사채계정은 부채계정이므로 대변항목이고, 당기손익 - 공정가치측정 금융자산계정은 자산계정이므로 차변항목이다. 따라서 대변에 기록할 것을 차변에 기록하였으므로 차변과 대변의 금액이 불일치하게 되므로 시산표상 발견할 수 있는 오류에 해당한다.

13 다음 오류 중에서 시산표의 작성을 통하여 발견할 수 없는 것은?

① ₩10,000의 매출채권 회수액에 대한 분개를 하고, 매출채권계정에는 전기하였으나 현금계정에 대한 전기는 누락하였다.
② ₩20,000의 매출채권 회수시 현금계정 차변과 매출채권계정 차변에 각각 ₩20,000을 기입하였다.
③ ₩50,000의 상품을 현금매입하고 거래에 대한 회계처리를 누락하였다.
④ ₩45,000의 매입채무 지급시 현금계정 대변에 ₩45,000을 기입하고 매입채무계정 차변에 55,000을 기입하였다.
⑤ ₩150,000의 비품 외상구입에 대한 분개를 하고, 비품계정 대변과 미지급금계정 대변에 각각 전기하였다.

해설 시산표는 대차평균원리로 작성하는 일람표이므로 시산표를 통해서 발견할 수 없는 오류는 차변과 대변이 일치하는 경우이다.

14 결산시 잔액시산표의 차변과 대변금액이 일치하지 않을 때 원인을 발견하기 위해 먼저 해야 할 것은?

① 원장의 합계액 또는 잔액에 대한 계산을 검토한다.
② 원장에서 시산표로의 이기가 올바른지 확인한다.
③ 분개장에서 원장의 전기가 올바른지 확인한다.
④ 정산표를 검토한다.
⑤ 거래에서 분개가 바르게 되었는지 확인한다.

해설 [시산표 오류의 발견순서]
회계장부 작성순서의 역순으로 시산표 ⇨ 원장 ⇨ 분개장의 순서로 장부를 검토한다.

15 다음 중 결산 본 절차인 것은?

① 재무상태표 작성
② 재고조사표 작성
③ 분개장 및 기타장부 마감
④ 포괄손익계산서 작성
⑤ 수정전시산표 작성

해설 본 절차는 장부마감이다.

16 자산 · 부채 · 자본계정만이 표시되는 시산표는?

① 이월시산표
② 잔액시산표
③ 합계잔액시산표
④ 합계시산표
⑤ 정산표

해설 총계정원장을 마감한 후에 작성하는 시산표로 마감후시산표 또는 이월시산표를 의미하며 자산, 부채, 자본만이 존재하는 시산표이다.

17 다음의 이월시산표 내용에 대한 설명이 틀린 것은?

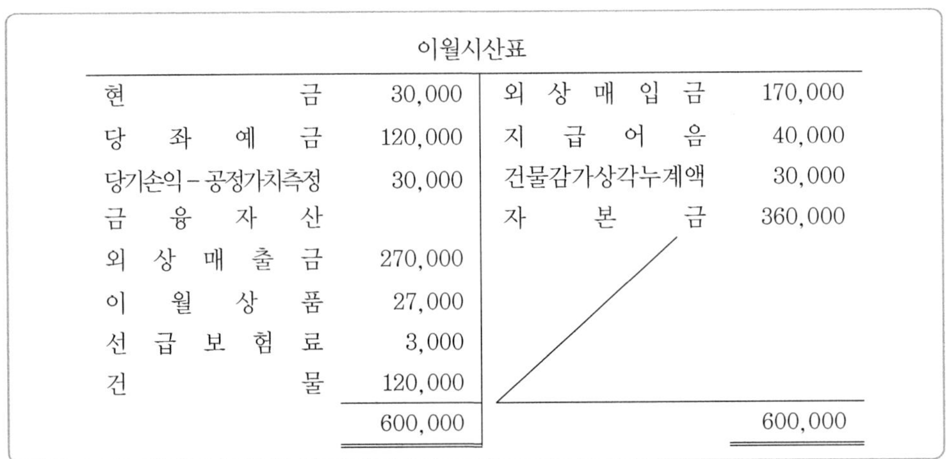

이월시산표

차변 계정	금액	대변 계정	금액
현금	30,000	외상매입금	170,000
당좌예금	120,000	지급어음	40,000
당기손익-공정가치측정금융자산	30,000	건물감가상각누계액	30,000
외상매출금	270,000	자본금	360,000
이월상품	27,000		
선급보험료	3,000		
건물	120,000		
	600,000		600,000

① 매입채무는 210,000원이다.
② 보험료 차기분은 3,000원이다.
③ 기말자본금은 360,000원이다.
④ 기초상품재고액은 27,000원이다.
⑤ 매출채권은 270,000원이다.

해설 ① 매입채무 : 외상매입금 + 지급어음 = 170,000 + 40,000 = ₩210,000
② 선급보험료는 지급된 보험료 중 차기분에 해당되는 미경과액이다.
③ 이월시산표상의 자본금은 기말자본금이다.
④ 이월시산표상의 상품은 기말상품재고액이다.
⑤ 매출채권 : 외상매출금 + 받을어음 = 270,000 + 0 = ₩270,000

정답 15 ③ 16 ① 17 ④

18 **결산 본 절차에 속하지 않는 것은?**

① 포괄손익계산서계정(수익, 비용계정)의 마감
② 순손익 대체
③ 정산표 작성
④ 재무상태표계정의 마감
⑤ 총계정원장 및 분개장 마감

해설 정산표는 예비 절차 중에서 선택사항이다.

19 **다음 현금계정의 (　　　) 안에 들어갈 적당한 말은? (단, 영미식 결산법임)**

현 금			
전기이월	×××	매입채무	×××
상　품	×××	(　　　)	×××

① 손 익　　② 잔 액
③ 차기이월　　④ 매입채무
⑤ 선급금

해설 자산 · 부채 · 자본계정은 잔액이 존재하므로 차기이월로 마감한다.

20 **다음 계정에서 마감이 옳게 된 것은?**

①

매출채권			
집합손익	5,000	제　좌	5,000

②

감가상각누계액			
집합손익	3,000	제　좌	3,000

③

임대료			
집합손익	4,000	제　좌	4,000

④

급 여			
제　좌	3,500	차기이월	3,500

⑤

선급보험료			
현　금	4,000	집합손익	4,000

해설 자산 · 부채 · 자본계정 : 차기이월로 마감
수익 · 비용계정 : 집합손익계정으로 마감

정답 18 ③　19 ③　20 ③

21 다음 선생님의 질문에 바르게 대답한 학생을 〈보기〉에서 고른 것은? (단, 원장마감은 영미식 방법에 의한다.)

> 선생님 : 장부를 마감할 때 원장의 잔액은 각각 어떻게 처리해야 하나요?

보 기

영희 : 수익계정 잔액을 집합손익계정에 대체해야 합니다.
철수 : 비용계정 잔액은 차기로 이월시켜야 합니다.
지혜 : 자산계정 잔액은 차기로 이월시켜야 합니다.
인호 : 부채계정 잔액은 집합손익계정에 대체해야 합니다.

① 영희, 철수 ② 영희, 지혜
③ 철수, 지혜 ④ 철수, 인호
⑤ 지혜, 인호

해설 수익과 비용계정은 집합손익계정으로 대체하고 자산 · 부채 · 자본계정은 잔액을 차기로 이월하면서 마감한다.

22 당기순이익 ₩520,000이 발생한 경우 대체분개로서 올바른 것은?

① (차) 집 합 손 익 520,000 (대) 당 기 순 이 익 520,000
② (차) 집 합 손 익 520,000 (대) 이 익 잉 여 금 520,000
③ (차) 자 본 금 520,000 (대) 집 합 손 익 520,000
④ (차) 이 익 잉 여 금 520,000 (대) 집 합 손 익 520,000
⑤ (차) 이 익 잉 여 금 520,000 (대) 자 본 금 520,000

해설 당기순이익은 이익잉여금계정으로 대체된다.

23 집합손익계정에 관한 설명으로 올바르지 않은 것은?

① 집합손익계정은 최종적으로 이익잉여금으로 마감된다.
② 집합손익계정은 마감단계에서만 나타난다.
③ 집합손익계정은 임시계정이다.
④ 집합손익계정의 잔액은 이월되므로 영구계정이라고도 한다.
⑤ 집합손익계정은 당기순손익계산을 위해 설정된 계정이다.

해설 당기순손익을 계산하기 위한 임시계정이다.

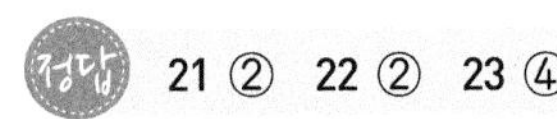

24 **다음 중 결산 재무제표에 속하지 않는 것은?**

① 자본변동표 ② 주 석
③ 재무상태표 ④ 정산표
⑤ 현금흐름표

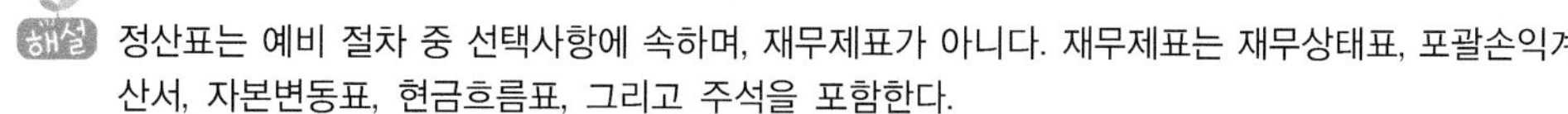

해설 정산표는 예비 절차 중 선택사항에 속하며, 재무제표가 아니다. 재무제표는 재무상태표, 포괄손익계산서, 자본변동표, 현금흐름표, 그리고 주석을 포함한다.

25 **다음은 (주)한국의 보험료와 지급어음의 장부마감 전 계정별 원장이다. 장부 마감시 각 계정별 원장에 기입할 내용으로 옳은 것은?**

보험료	
현금 25,000	선급비용 20,000

지급어음	
	외상매입금 25,000

① 보험료계정 원장의 차변에 차기이월 ₩5,000으로 마감한다.
② 보험료계정 원장의 대변에 집합손익 ₩5,000으로 마감한다.
③ 지급어음계정 원장의 대변에 차기이월 ₩25,000으로 마감한다.
④ 지급어음계정 원장의 차변에 집합손익 ₩25,000으로 마감한다.
⑤ 수익과 비용계정은 차기이월로 마감하며, 재무상태표계정은 집합손익으로 마감한다.

해설 포괄손익계산서계정(수익계정 · 비용계정)은 집합손익계정으로 마감하고, 재무상태표계정(자산계정 · 부채계정 · 자본계정)은 각 계정의 잔액을 차기이월로 마감한다. 따라서 비용계정인 보험료계정은 집합손익으로 마감하고, 부채계정인 지급어음계정은 차기이월로 마감한다.

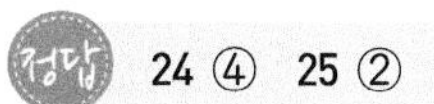

정답 24 ④ 25 ②

Chapter 09 결산정리와 재무제표

제1절 결산정리

(1) 결산정리의 필요성

기중에 발생한 거래는 분개와 원장에 전기를 통하여 장부에 정확히 기록한다고 할지라도 부분적으로 기중에 기록하지 못한 재산의 변동사항이 있을 수 있다. 예를 들면 상품수량의 부족으로 인해 발생하는 감모손실이나 도난당했다든가 건물 가치가 감소하는 경우 등이 발생할 수 있는 것이다. 이와 같은 이유로 결산을 할 때 장부상의 금액과 실제 금액이 일치하지 않은 경우를 모두 조사하여 장부상의 금액을 실제의 금액으로 수정하는 절차가 필요하게 되는 것이다. 이러한 절차를 결산정리 또는 결산수정이라고 하며 결산정리를 위한 분개를 결산조정분개(기말 수정분개)라고 하고 이를 원장에 기입하는 것을 정리기입(수정기입)이라고 한다. 즉, 기업은 결산정리를 해야 장부금액이 실제의 금액을 반영하여 올바른 경영성과와 재무상태를 나타낼 수 있는 것이다. 따라서 본문을 통하여 기본적인 결산정리의 유형을 확인하도록 한다.

(2) 결산정리의 유형

1) 손익에 대한 결산정리

수익과 비용의 인식시점에는 발생기준과 현금기준이 있다. 회계기간 중에 기록된 수익계정과 비용계정 중에는 적정하게 기록되지 않는 금액들이 있다. 이를 수정하지 않으면 올바른 경영성과 계산이 어려우므로 기말 수정분개를 통하여 올바른 수익과 비용계정을 계상하도록 하는 것이다. 따라서 손익의 결산정리는 발생기준에 의한 수익과 비용을 회계처리하기 위해서 기중 회계처리가 현금기준에 의해 회계처리된 것을 발생기준으로 수정하는 절차라고 볼 수 있다.

Q&A

현금기준과 발생기준에 의한 차이는 무엇일까?

수익과 비용을 기록하는 시점을 어느 시점에서 기록하느냐에 대한 것으로 현금기준(cash basis accounting)과 발생기준(accrual basis accounting)이 있습니다. 현금기준은 현금을 수취하였을 때 수익을 기록하고 현금을 지급하였을 때 비용을 기록합니다. 따라서 실제 수취하고 지급할 때 기록하므로 객관적이고 명확하다는 장점이 있지만 기간별 성과를 제대로 파악하기 어려운 점이 있습니다. 반면에 발생기준은 현금의 유입과 유출의 시점보다 기업실체의 경제적 거래나 사건이 발생한 기간에 인식합니다. 따라서 현금거래뿐만 아니라 기타의 거래도 인식함으로써 기업실체의 자산과 부채 그리고 이들의 변동에 관한 보다 정확한 정보를 제공하게 됩니다.

① 이연항목

이연항목(deferred items)은 회계기간 중에 이미 회계장부에 기록된 내용을 수정하는 항목을 말한다. 현금을 수취하는 경우 수익으로 회계처리한 금액의 일부를 차기의 수익으로 계상하기 위해 부채항목인 선수수익계정으로 처리하거나 회계기간 중에 현금을 지급하는 경우 비용으로 회계처리한 금액의 일부를 차기 비용으로 계상하기 위해 자산항목인 선급비용계정으로 처리하는 항목을 말한다.

㉠ 선수수익

회계기간 중에 현금으로 수령한 수익항목 중에서 일부가 차기분에 속한 금액이 있을 수 있다. 기중 회계처리를 모두 수익으로 계상한 경우 정확한 당기순손익을 계산하기 위하여 비록 현금을 수령하였다 할지라도 차기분에 대해서는 기중에 과대계상된 수익금액을 취소하고 부채로 기록하게 되는데 이를 수익의 이연이라고 한다.

예를 들면 7월 1일에 1년분 임대료 ₩240,000을 현금으로 수취한 경우 수익계정인 임대료계정으로 회계처리한 경우를 생각해 보자.

■ 7/1 기중 회계처리

(차) 현 금	240,000	(대) 임 대 료	240,000

이와 같이 기중에 회계처리한 것을 그대로 두면 차기분에 해당하는 120,000원이 당기 임대료(수익)로 과대계상된다. 따라서 결산수정분개를 통하여 차기분에 해당하는 것은 미리 받은 수익에 해당하므로 선수임대료계정으로 계상하고, 과대계상된 수익은 감소하는 회계처리를 해야 한다.

■ 12/31 기말 수정분개

(차) 임대료(수익의 감소)	120,000	(대) 선수임대료(부채의 증가)	120,000

▶ 선수임대료는 미리 받은 것으로 제공할 의무가 있으므로 부채항목이다.

임대료(수익)	
12/31 선수임대료 120,000	7/1 현 금 240,000

선수임대료(부채)	
	12/31 임 대 료 120,000

▶ 결산수정분개를 통하여 각 계정에 전기하면 임대료 당기 발생분은 ₩120,000으로 적정하게 기록된다.

[대체적 회계처리방법: 기중 수령 시 부채로 인식한 경우]

7/1 기중 회계처리

(차) 현 금	240,000	(대) 선 수 임 대 료	240,000

12/31 기말 수정분개

(차) 선수임대료(부채의 감소)	120,000	(대) 임대료(수익의 발생)	120,000

▶ 기중에 수익계정이 아니라 부채계정을 계상하였으므로 수정분개를 통해서 당기 임대료 발생분 6개월분을 회계처리한다. 따라서 수정분개를 통해서 포괄손익계산서상 임대료 당기발생분은 120,000원(240,000×6/12)으로 계상되며, 재무상태표상 선수임대료계정은 120,000원으로 각각 적정하게 계상된다.

Q&A

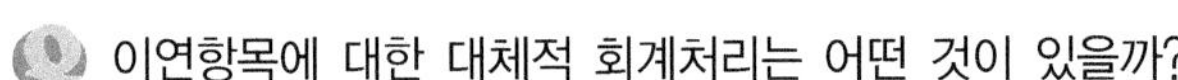

Q 이연항목에 대한 대체적 회계처리는 어떤 것이 있을까?

A 현금을 수취하거나 지급할 때 수익과 비용계정인 명목계정을 우선하여 회계처리하는 방법을 명목법(nominal approach)이라고 하는데, 실무적으로 사용하기가 편하기 때문에 많이 사용되고 있는 방법입니다. 이에 대한 대체적인 회계처리방법은 회계기간 중에 현금을 수취하거나 지급할 때 수익과 비용계정을 대신하여 자산, 부채, 자본계정을 먼저 회계처리하는 방법을 말하는데 실질계정을 우선하여 회계처리한다고 하여 실질법(real approach)이라고 부릅니다. 따라서 회계기간 중에 회계처리가 상이하므로 양자의 경우 기말 수정분개가 다르게 된다는 점이 중요합니다.

ⓛ 선급비용

회계기간 중에 현금으로 지급한 비용항목 중에서 일부가 차기분에 속한 금액이 있을 수 있다. 기중 회계처리를 모두 비용으로 계상한 경우 정확한 당기순손익을 계산하기 위하여 비록 현금이 지급되었다 할지라도 차기분에 대해서는 기중에 과대계상된 비용금액을 취소하고 자산으로 기록하게 되는데 이를 비용의 이연이라고 한다.

예를 들면 7월 1일에 1년분 보험료 ₩80,000을 지급한 경우 비용계정인 보험료계정으로 회계처리한 경우를 생각해 보자.

■ 7/1 기중 회계처리

(차) 보 험 료	80,000	(대) 현 금	80,000

이와 같이 기중에 회계처리한 것을 그대로 두면 차기분에 해당하는 40,000원이 당기 보험료(비용)로 과대계상된다. 따라서 결산수정분개를 통하여 차기분에 해당하는 것은 미리 지급한 비용에 해당하므로 선급보험료계정으로 계상하고, 과대계상된 비용은 감소하는 회계처리를 해야 한다.

■ 12/31 기말 수정분개

(차) 선급보험료(자산의 증가)	40,000	(대) 보험료(비용의 감소)	40,000

▶ 선급보험료는 미리 지급한 것으로 받을 권리가 있으므로 자산항목이다.

선급보험료(자산)

12/31 보험료 40,000	

보험료(비용)

7/1 현 금 80,000	12/31 선급보험료 40,000

▶ 결산수정분개를 통하여 각 계정에 전기하면 보험료계정은 당기 발생분인 ₩40,000으로 적정하게 기록된다.

[대체적 회계처리방법: 기중 지급 시 자산으로 인식한 경우]

7/1 기중 회계처리

(차) 선 급 보 험 료	80,000	(대) 현 금	80,000

12/31 기말 수정분개

(차) 보험료(비용의 발생)	40,000	(대) 선급보험료(자산의 감소)	40,000

▶ 기중에 비용계정이 아니라 자산계정을 계상하였으므로 수정분개를 통해서 당기 보험료 발생분 6개월분을 회계처리한다. 따라서 수정분개를 통해서 포괄손익계산서상 보험료계정은 당기발생분 40,000원(80,000 × 6/12)으로 계상되며, 재무상태표상 선급보험료계정은 미경과 보험료금액으로 40,000원으로 각각 적정하게 계상된다.

② 발생항목

발생항목(accrued items)은 회계기간 중에 현금의 수취나 지급이 이루어지지 않아 장부에 기록되지 않은 항목으로 발생기준에 의한 당기순이익과 재무상태를 적정하게 나타나기 위해 기말정리사항을 통해 추가로 계상하는 항목이다. 발생항목에는 미수수익과 미지급비용항목이 있다.

㉠ 미수수익

기업은 회계기간 중에 용역 등을 제공하고 해당 대가를 수령하지 않은 경우 결산시까지 해당 수익이 기록되지 않을 수 있다. 정확한 경영성과를 계산하기 위하여 비록 현금을 수령하지는 않았으나 당기에 발생된 수익은 인식해야 한다. 이 경우 인식하는 것이 수익의 발생이라고 한다.

예를 들면 당기 대여금 ₩5,000,000(연 이자 3%) 중 하반기 6개월분을 수령하지 못한 경우를 생각해 보자. 연 3%이면 1년에 인식할 이자수익은 ₩150,000이다. 이 중 하반기 6개월분이 미수액이므로 상반기는 다음과 같이 기중 회계처리가 이루어졌다고 볼 수 있다.

■ 기중 회계처리

(차) 현 금	75,000	(대) 이 자 수 익	75,000

기중에 수령한 것만 기록되었을 것이므로 미수된 부분은 회계처리하지 않아 발생기준에 의한 수익이 과소계상된다. 따라서 결산수정분개를 통해서 이자수익을 인식하고 아직 받지 못한 수익이므로 미수이자계정을 사용하여 자산으로 인식한다.

■ 기말 수정분개

(차) 미수이자(자산의 증가)	75,000	(대) 이자수익(수익의 발생)	75,000

▶ 미수이자는 아직 받지 못한 이자로서 후에 받을 수 있는 권리를 나타내므로 자산계정이다.

미수이자(자산)

차변		대변	
12/31 이 자 수 익	75,000		

이자수익(수익)

차변		대변	
		현 금	75,000
		12/31 이 자 수 익	75,000

▶ 결산수정분개를 통하여 각 계정에 전기하면 이자는 당기 발생분인 ₩150,000으로 적정하게 기록된다.

㉡ 미지급비용

기업은 회계기간 중에 용역 등을 제공받고도 해당 대가를 지급하지 않은 경우 결산시까지 해당 비용이 기록되지 않을 수 있다. 정확한 경영성과를 계산하기 위하여 비록 현금을 지급하지는 않았으나 당기에 발생된 비용은 인식해야 한다. 이 경우 인식하는 것을 비용의 예상 또는 발생이라고 한다.

예를 들면 매월 급여 ₩2,000,000을 지급하는 경우 2개월을 미지급한 경우를 생각해 보자. 비록 지급하지는 않았지만 당기 급여는 ₩2,000,000씩 12개월이므로 ₩24,000,000이 인식되어야 한다. 미지급분을 제외하면 나머지 10개월은 지급되었을 것이므로 ₩20,000,000은 이미 계상되어 있을 것이다. 따라서 지급하지 않은 급여도 당기에 근로를 제공받았으므로 비용계정인 급여를 인식하고 지급해야 할 의무를 가지고 있으므로 부채계정인 미지급급여계정으로 회계처리하여 각 계정을 수정해야 한다.

■ 기중 회계처리

(차)	급 여	20,000,000	(대)	현 금	20,000,000

기중에 지급된 것만 기록되었을 것이므로 미지급된 부분은 회계처리하지 않았으므로 발생기준에 의한 비용이 과소계상된다. 따라서 기말 수정분개를 통해서 급여를 추가로 인식하고 아직 지급하지 못한 비용이므로 미지급급여계정을 사용하여 부채로 인식한다.

■ 기말 수정분개

(차)	급여(비용의 발생)	4,000,000	(대)	미지급급여(부채의 증가)	4,000,000

▶ 미지급급여는 아직 지급하지 못한 급여로서 후에 지급해야 하는 의무를 나타내므로 부채계정이다.

급여(비용)		미지급급여(부채)	
현 금 20,000,000			12/31 급 여 4,000,000
12/31 미지급급여 4,000,000			

▶ 기말 수정분개를 통하여 각 계정에 전기하면 급여는 당기 발생분인 ₩24,000,000으로 기록되게 된다.

③ 소모품계정의 수정

소모품은 필기구, 복사용지 등 기업이 업무용으로 사무실이나 공장에서 사용하고 있는 소모성 자산을 말한다. 회계기간 동안 소모품을 얼마나 사용했는지 또는 기말에 미사용된 금액은 얼마인지를 파악하는 것이 중요하다. 따라서 회계기간 중 구입시 회계처리 방법에 따라 기말 수정분개가 상이해지므로 구입시 자산으로 회계처리한 경우와 비용으로 처리한 경우를 구분하여 다음의 예를 통해 각각의 기말 수정분개를 설명하도록 한다.

예시 8/1 소모품 ₩40,000을 현금으로 구입하다.
12/31 결산시 미사용액은 ₩30,000이다.

㉠ 자산계정으로 회계처리하는 경우

소모품 구입시 자산으로 기록하는 방법이다. 따라서 구입시 회계처리는 다음과 같다.

■ 기중 회계처리

(차)	소모품(자산의 증가)	40,000	(대)	현금(자산의 감소)	40,000

결산시 기중 회계처리를 확인하면 소모품은 모두 미사용된 자산으로 ₩40,000이 기록되어 있을 것이다. 이 중 사용된 부분이 결산시 ₩10,000이므로 이를 사용한 비용으로 보아 소모품비(비용)계정으로 인식하는 사용분에 대한 결산수정분개가 필요하다.

■ 기말 수정분개

(차)	소모품비(비용의 발생)	10,000	(대)	소모품(자산의 감소)	10,000

▶ 본 수정분개를 통하여 당기 사용분은 소모품비계정으로 포괄손익계산서에 ₩10,000이 계상되고, 미사용분은 ₩30,000으로 재무상태표에 자산으로 계상되게 된다.

㉡ 비용계정으로 회계처리하는 경우

소모품 구입시 비용으로 기록하는 방법이다. 따라서 구입시 회계처리는 다음과 같다.

■ 기중 회계처리

(차)	소모품비(비용의 발생)	40,000	(대)	현금(자산의 감소)	40,000

결산시 기중 회계처리를 확인하면 소모품은 모두 사용된 비용으로 ₩40,000이 기록되어 있을 것이다. 이 중 사용된 부분이 결산시 ₩10,000이므로 사용되지 않은 부분에 대하여 소모품(자산)계정으로 인식하는 미사용분에 대한 결산수정분개가 필요하다.

■ 기말 수정분개

(차)	소모품(자산의 증가)	30,000	(대)	소모품비(비용의 감소)	30,000

▶ 본 수정분개를 통하여 당기 사용분은 소모품비계정으로 포괄손익계산서에 ₩10,000이 계상되고, 미사용분은 ₩30,000으로 재무상태표에 자산으로 계상되게 된다.

정리해보면 기중에 자산으로 처리하면 기말에 사용분(비용)을 결산수정분개하고, 기중에 비용으로 처리하면 기말에 미사용분(자산)을 결산수정분개로 하여야 올바른 소모품잔액과 소모품비잔액이 재무상태표와 포괄손익계산서에 각각 계상되는 것이다.

2) 상품계정의 정리

상기업의 경우 주된 영업활동은 매출과 매입활동이다. 따라서 이익인지 손해인지는 매출과 매입활동에 대한 기록이 효율적으로 이루어져야 할 것이다. 매출액이란 상품을 판매한 금액으로 수익항목이며, 매출원가는 판매된 상품의 원가를 말한다. 매출액에서 매출원가를 차감하면 상품매매활동을 통하여 얻은 이익을 구할 수 있다. 따라서 수익항목인 매출액에 대응하여 이익을 계산하게 되는 매출원가의 계산은 매우 중요하다고 할 수 있다. 실지재고조사법의

경우 기말 수정분개를 통해 매출원가가 계산되는데 이와 관련된 수정분개를 이해하고자 한다.

■ 기본자료

(주)계백은 상품매매와 관련된 자료가 다음과 같다.
(1) 기초상품재고액 ₩100, 기말상품재고액 ₩200
(2) 5/20 (주)소백으로부터 상품 ₩1,600을 외상으로 매입하다.
(3) 6/10 (주)소백으로부터 매입한 상품 중 불량품이 있어 ₩100을 반품하다.
(4) 7/20 (주)태백에게 상품 ₩2,000을 외상으로 매출하다.
(5) 8/10 (주)태백에게 매출한 상품 중 물품상 하자로 ₩200을 에누리해주다.

① 기중거래

거래	차변	금액	대변	금액
5/20 매입시 :	(차) 매 입	1,600	(대) 외 상 매 입 금	1,600
6/10 매입환출 :	(차) 외상매입금	100	(대) 매입에누리와 환출	100

▶ 매입환출 · 매입에누리 · 매입할인은 모두 매입차감요소이다.

용어해설

- **매입환출** : 구매자가 상품의 파손이나 결함 등으로 상품을 반품하는 것
- **매입에누리** : 상품의 파손이나 결함 등으로 매입가격을 깎은 것
- **매입할인** : 구매자가 매입대금을 일정기간 이내에 조기지급할 경우 총 지급액 중 일정액을 할인받는 것

거래	차변	금액	대변	금액
7/20 매출시 :	(차) 외 상 매 출 금	2,000	(대) 매 출	2,000
8/10 매출에누리 :	(차) 매출에누리와 환입	200	(대) 외상매출금	200

▶ 매출환입 · 매출에누리 · 매출할인은 모두 매출차감요소이다.

용어해설

- **매출환입** : 판매자에게 상품의 파손이나 결함 등으로 상품이 반품되어 온 것
- **매출에누리** : 상품의 파손이나 결함 등으로 판매가격을 깎아준 것
- **매출할인** : 판매자가 판매대금을 일정기간 이내에 조기회수할 경우 총 수령액 중 일정액을 할인해 준 것

■ 기중거래의 전기

상 품	
기초 100	
	기말 200

매 입	
5/20 외상매입금 1,600	

매 출	
	7/20 외상매출금 2,000

매입에누리와 환출	
	6/10 외상매입금 100

매출에누리와 환입	
8/10 외상매출금 200	

수정전시산표

100	상 품 (기 초)	
1,600	매 입	
	매 출	2,000
	매입에누리와환출	100
200	매출에누리와환입	·
·		·
·		·
·		·

▶ 수정전시산표상의 매입액과 매출액에서 매입 및 매출 관련 차감요소를 각각 차감하면 순매입액과 순매출액이 계산된다.

② 기말정리 수정분개

수정전시산표상에 매입차감요소와 매출차감요소가 별도 계정으로 설정되어 있으므로 매출원가수정분개에 앞서 순매입액과 순매출액을 계산하기 위해 매입차감요소인 매입에누리와 환출을 매입계정 대변에 대체하고, 매출차감요소인 매출에누리 및 환입을 매출계정 차변에 대체하여야 한다.

[매입수정사항의 대체]

(차) 매입에누리와 환출 100 (대) 매 입 100

[매출수정사항의 대체]

(차) 매 출 200 (대) 매출에누리와 환입 200

매입	
5/20 외상매입금 1,600	12/31 매입에누리와환출 100
	} 순매입액 1,500

매출	
12/31 매출에누리와환입 200	7/20 외상매출금 2,000
순매출액 1,800 {	

매입 및 매출수정사항을 각각 대체함으로써 매입계정에서 당기순매입액(1,600－100 = ₩1,500)이 계산되고, 매출계정에서 당기순매출액(2,000－200 = ₩1,800)이 각각 계산된다. 만약 기초상품재고액과 기말상품재고액이 존재하지 않는다면 당기의 순매입액이 매출되어 상품매출이익은 ₩300(1,800－1,500)이 될 것이다. 그러나 본 자료는 기초상품재고액과 기말상품재고액이 존재하므로 이를 고려하여 판매를 위해 출고된 상품의 원가를 계산하여야 할 것이다. 이처럼 순매출액에 대응되는 매출원가를 정확히 계산하기 위하여 기말 수정분개를 하는 것이다. 기중 회계처리를 통해서 당기의 순매출액은 ₩1,800이다. 그러나 매출원가는 판매된 상품의 원가이므로 여러 가지 요소를 고려하여야 한다. 즉, 기업에서 1년 동안 판매가능한 상품원가는 전기에 팔지 못하고 당기로 이월된 상품의 원가와 당기에 매입한 상품원가의 합계이다. 이 중 판매된 원가는 매출원가로 계산되고 판매되지 않고 기말에 창고에 남아 있게 되는 금액이 기말재고액이 되는 것이다. 따라서 판매가능액(기초상품재고액＋당기순매입액)에 판매되지 않고 창고에 있는 기말재고액을 차감하면 판매된 매출액에 대한 창고원가에 해당하는 매출원가가 산출된다.

회계는 분개와 계정을 통하여 계산이 이루어지므로 매출원가를 계산하기 위하여 기말에 수정분개가 필요한 것이다. 그러면, 어떻게 기말 수정분개를 해야 할까? 이 경우 매출원가 계산을 매출원가계정을 설정하여 계산하는 방법과 매입계정을 이용하여 계산하는 방법이 있다. 수정후시산표에 매출원가계정으로 나타나는 방법을 중심으로 설명하고 나머지는 참고를 통해 설명하고자 한다. 먼저 매출원가를 계산하기 위해 기중에 계정에 기록된 금액을 다른 계정에 보내게 되는데 이를 대체라고 하며 이 경우 행하는 분개를 대체분개라고 한다.

㉠ 상품계정에 있는 기초상품재고액을 매출원가계정 차변으로 대체한다.

(차)	매출원가	100	(대)	상 품	100

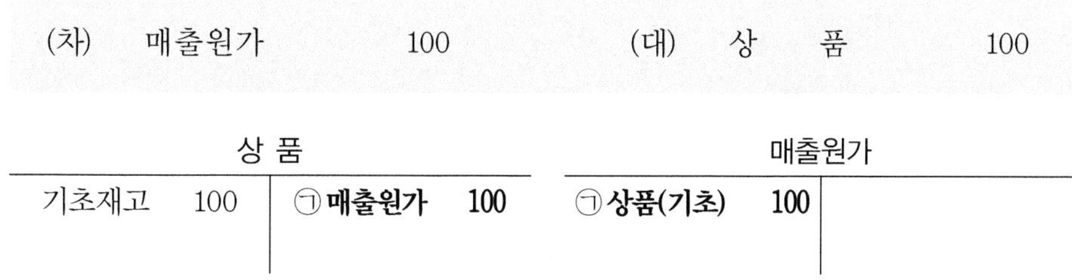

상 품	
기초재고 100	㉠ **매출원가 100**

매출원가	
㉠ **상품(기초) 100**	

㉡ 매입계정에서 계산된 순매입액(1,600-100=1,500)을 매출원가계정에 대체한다.

(차)	매출원가	1,500	(대)	매 입	1,500

매 입	
5/20 외상매입금 1,600	12/31 매입에누리와환출 100
	㉡ **매출원가 1,500**

매출원가	
㉠ **상품(기초) 100**	
㉡ **매입 1,500**	

매출원가계정에 기초상품재고액과 당기순매입액의 합계액이 계산되어 이 중에서 판매되지 않은 미판매분을 차감하면 판매분에 대한 매출원가가 산출된다.

㉢ 매출원가계정 차변에 계산된 판매가능액에서 미판매된 기말재고액을 차감하면 당기 매출원가가 산출된다.

(차)	상 품	200	(대)	매출원가	200

상 품	
기초재고 100	㉠ 매출원가 100
㉢ **매출원가 200**	

매출원가	
㉠ 상품(기초) 100	㉢ **상품 200**
㉡ 매입 1,500	

이와 같이 계산하면, 매출원가계정 차변과 대변을 통하여 다음과 같은 계산식이 성립하여 매출액에 대한 상품의 원가인 매출원가가 계산된다.

> 매출원가 = 기초상품재고액 + 당기순매입액 − 기말상품재고액
> = 100 + 1,500 − 200 = 1,400

매출원가계산을 위한 기말 수정분개(㉠㉡㉢)를 요약하면 다음과 같다.

■ 기말 수정분개

㉠ 기초상품 대체 :	(차)	매출원가	100	(대)	상 품	100
㉡ 매입액 대체 :	(차)	매출원가	1,500	(대)	매 입	1,500
㉢ 기말상품 대체 :	(차)	상 품	200	(대)	매출원가	200

매출원가	
㉠ 기초상품	매출원가
㉡ 당기매입	㉢ 기말상품

수정후시산표

200 1,400 · · · ·	상 품 (기 말) 매 출 원 가 매 출	 1,800 · · ·

◐ 기말 수정분개를 통해 상품계정은 기말재고액으로 매입계정 대신 매출원가계정이 계상된다.

■ 계정의 마감

(차)	매 출	1,800	(대)	집합손익	1,800
(차)	집 합 손 익	1,400	(대)	매출원가	1,400

[참고 : 3분법 결산정리]

1. 상품계정에 있는 기초상품재고액을 매입계정 차변으로 대체한다.

(차)	매 입	100	(대)	상 품	100

상 품

차변		대변	
기초재고	100	㉠ **매입**	**100**

매 입

차변		대변	
5/20 외상매입금	1,600	12/31 매입에누리와환출	100
㉠ **상품(기초)**	**100**		

2. 매입계정에서 계산된 판매가능액(100+1,600−100=1,600)에서 미판매된 기말재고액을 차감하면 매입계정에서 매출원가가 계산된다.

(차)	상 품	200	(대)	매 입	200

상 품

차변		대변	
기초재고	100	㉠ 매입	100
㉡ **상품(기말)**	**200**		

매 입

차변		대변	
5/20 외상매입금	1,600	12/31 매입에누리와환출	100
㉠ 상품(기초)	100	㉡ **상품(기말)**	**200**

이와 같이 계산하면, 매입계정 차변과 대변을 통하여 다음과 같은 계산식이 성립하여 매출액에 대한 상품의 원가인 매출원가가 계산된다.

매출원가 = 기초상품재고액 + 당기순매입액 − 기말상품재고액
= 100 + 1,500 − 200 = 1,400

매입계정에서 계산되는 매출원가계산을 위한 기말 수정분개(㉠㉡)를 요약하면 다음과 같다.

■ 기말 수정분개

	차변	금액	대변	금액
㉠ 기초상품 대체 :	(차) 매 입	100	(대) 상 품	100
㉡ 기말상품 대체 :	(차) 상 품	200	(대) 매 입	200

수정후시산표

차변	계정과목	대변
200	상 품 (기 말)	
1,400	매 입	
·	매 출	1,800
·		·
·		·
·		·

▶ 기말 수정분개를 통해 상품계정은 기말재고액으로 매입계정에 매출원가로 계산된 금액이 된다.

■ 계정의 마감

차변	금액	대변	금액
(차) 매 출	1,800	(대) 집합손익	1,800
(차) 집합손익	1,400	(대) 매 입	1,400

3) 감가상각비

기업이 영업활동에 사용할 목적으로 ₩50,000,000에 상당하는 기계장치를 구입하였다고 가정해 보자. 해당 기계장치 구입시점에는 다음과 같이 회계처리를 하였을 것이다.

구입시 : (차) 기계장치 50,000,000 (대) 현 금 50,000,000

기계장치는 업무용으로 구입한 자산이므로 구입시점에는 자산계정인 기계장치라는 계정 차변에 기록된다. 그러나 1년이 경과되어 결산시 장부에 계상되어 있는 기계장치는 여전히 구입시 원가인 ₩50,000,000으로 계상되어 있을 것이다. 장부에 계상되어 있는 것처럼 과연 기계장치는 1년이 지나도 2년이 지나도 계속적으로 구입한 원가로 기록하는 것이 올바른 회계처리일까? 기계장치와 같은 영업활동에 사용할 목적으로 취득한 유형자산의 경우에는 영업활동에 사용함에 따라, 자산으로서의 미래경제적 효익이 점차 감소한다. 이와 같은 감소분

을 인식하지 않으면 해당 자산의 사용이 완료된 후에 인식될 비용의 크기가 크게 된다. 따라서 해당 자산이 영업활동에 사용되고 있는 기간 동안에 수익을 창출하고 있으므로 이에 대응하여 비용으로 인식하는 것이 올바른 회계처리이며, 이를 기중에 기록할 수 없기 때문에 기말에 일괄적으로 기말 수정분개를 통해 회계처리 하게 되는 것이다. 요약하면, 감가상각(depreciation)이란 유형자산의 감소분에 대하여 사용하는 기간 동안 배분하여 비용으로 계상하는 과정을 말하며 토지와 건설중인 자산을 제외한 모든 유형자산은 감가상각 대상이다. 예를 들면 기계장치가 10년 동안 사용할 수 있고 마지막에 존재하는 가치가 없는 경우 정액법에 의하여 상각하면 매년 ₩5,000,000의 금액이 계산되는데 회계처리하면 다음과 같다.

■ 기말 수정분개

(차) 감가상각비	5,000,000	(대) 감가상각누계액	5,000,0000

▶ 감가상각누계액은 해당 유형자산의 차감적 평가계정이다.

감가상각비(정액법) $= (\text{취득원가} - \text{잔존가치}) \times \frac{1}{\text{내용연수}} = (₩50,000,000 - 0) \times \frac{1}{10} = ₩5,000,000$

감가상각은 일정한 방법에 의하여 계산된 금액을 감가상각비라는 비용항목으로 당기 수익에 대응시키고 해당 자산의 감소를 인식하는데, 이 경우 해당 유형자산을 직접 차감하는 방법과 해당자산을 간접적으로 차감하여 감소분을 인식하게 하는 간접법이 있다. 그러나 현행기준은 유형자산의 경우는 감가상각누계액계정을 사용하여 해당 자산을 간접적으로 차감하는 회계처리를 요구하고 있다.

감가상각비	
감가상각누계액 5,000,000	

감가상각누계액	
	감가상각비 5,000,000

부분 재무상태표

1기말

기계장치(취득원가)	50,000,000	
감 가 상 각 누 계 액	(5,000,000)	45,000,000(장부금액)

제2절 재무제표

(1) 재무제표의 목적과 전체 종류

재무제표는 기업의 재무상태와 경영성과를 체계적으로 표현한 것으로 재무제표의 목적은 광범위한 정보이용자의 경제적 의사결정에 유용한 기업의 재무상태, 재무성과와 재무상태 변동에 관한 정보를 제공하는 것이다. 재무제표는 위탁받은 자원에 대한 경영진의 수탁책임 결과도 보여주며 전체 재무제표의 종류는 다음과 같다.

전체 재무제표

- 기말 재무상태표
- 기간 포괄손익계산서
- 기간 자본변동표
- 기간 현금흐름표
- 주석(유의적인 회계정책의 요약 및 그 밖의 설명으로 구성)
- 회계정책을 소급하여 적용하거나, 재무제표의 항목을 소급하여 재작성 또는 재분류하는 경우 가장 이른 비교기간의 기초 재무상태표

(2) 재무상태표

재무상태표(statement of financial position: SFP)는 정보이용자들에게 기업의 경제적 자원, 재무구조, 유동성과 지급능력 등을 평가하는 데 유용한 정보를 제공한다. 한국채택국제회계기준은 구체적 양식을 제시하지 않고 재무상태표에 포함할 최소한의 항목을 예시하고 있다.

구분	항목
자 산	(1) 유형자산 (2) 투자부동산 (3) 무형자산
	(4) 금융자산[단, (5), (8) 및 (9)는 제외]
	(5) 지분법에 따라 회계처리하는 투자자산
	(6) 생물자산 (7) 재고자산 (8) 매출채권 및 기타채권 (9) 현금및현금성자산
	(10) 기업회계기준서 제1105호 '매각예정비유동자산과 중단영업'에 따라 매각예정으로 분류된 자산
부 채	(11) 매입채무 및 기타채무 (12) 충당부채
	(13) 금융부채[단, (11)과 (12)는 제외]
	(16) 기업회계기준서 제1105호에 따라 매각예정으로 분류된 처분자산집단에 포함된 부채

자산 또는 부채	(14) 기업회계기준서 제1012호 '법인세'에서 정의된 당기 법인세와 관련된 부채와 자산
	(15) 기업회계기준서 제1012호에서 정의된 이연법인세부채 및 자산
자 본	(17) 자본에 표시된 비지배지분(연결재무제표에서만 표시됨)
	(18) 지배기업의 소유주에게 귀속되는 납입자본과 적립금

재무상태표는 자산과 부채계정을 어떻게 나열할지와 관련하여 유동성·비유동성 구분법과 유동성 순서에 따른 표시방법이 있다.

재무제표는 계정식과 보고식이 있다. 계정식은 차변과 대변으로 구분하여 차변에 자산을 표시하고 대변에 부채 및 자본을 표시하는 양식이다. 보고식은 자산을 먼저 표시하고 다음으로 부채와 자본을 표시하는 방법이다.

[계정식]

재무상태표

(주)태백 20×7. 12. 31. 단위 : 원

자산		**부채**	
현금및현금성자산	×××	단기차입금	×××
매출채권	×××	…	
. . .		부채총계	×××
		자본	
		자본금	×××
		…	
		자본총계	×××
자산총계	×××	부채와자본총계	×××

[보고식]

재무상태표

(주)태백 20×7. 12. 31. 단위 : 원

자산	
현금및현금성자산	×××
매출채권	×××
자산총계	×××
부채	
단기차입금	×××
부채총계	×××
자본	
자본금	×××
자본총계	×××
부채와자본총계	×××

(3) 포괄손익계산서

포괄손익계산서(statement of income and comprehensive income)는 당기순손익과 기타 포괄손익의 당기 변동내용을 포함하여 표시하는 재무제표이다. 따라서 소유주와의 거래를 제외한 모든 자본변동 내용을 포함하는 보고서이다. 당기손익 부분이나 손익계산서에는 다른 한국채택국제회계기준서가 요구하는 항목에 추가하여 당해 기간의 다음 금액을 표시하는 항목을 포함한다.

① 수익
② 영업이익
③ 금융원가
④ 지분법 적용대상인 관계기업과 조인트벤처의 당기순손익에 대한 지분
⑤ 법인세비용
⑥ 중단영업의 합계를 표시하는 단일금액

한국채택국제회계기준은 비용의 분류방식에 따라 다음과 같이 두 가지 양식을 규정하고, 기업이 적합한 양식을 선택하여 작성하도록 규정하고 있다.

[성격별 분류법]

별개의 손익계산서(당기손익 부분)

(주)합격	20X7년 1월 1일부터 12월 31일까지	
수익		×××
기타수익		×××
제품과 재공품의 변동		
원재료와 소모품의 사용액	×××	
종업원급여비용	×××	
감가상각비와 기타상각비	×××	
유형자산손상차손	×××	
기타비용	×××	
금융원가	×××	(×××)
관계기업 이익 지분		×××
법인세비용차감전순이익		×××
법인세비용		(×××)
계속사업순손익		×××
중단사업순손익		×××
당기순손익		×××
기본 및 희석 주당이익		×××

[기능별 분류법]

별개의 손익계산서(당기손익 부분)

	20X7년 1월 1일부터 12월 31일까지
수익	×××
매출원가	×××
매출총이익	×××
기타수익	×××
물류원가	(×××)
관리비	(×××)
기타비용	(×××)
금융원가	(×××)
관계기업 이익 지분	×××
법인세비용차감전순이익	×××
법인세비용	(×××)
계속사업순손익	×××
중단사업순손익	×××
당기순손익	×××
기본 및 희석 주당이익	×××

▶ 기능별로 비용을 분류하는 기업은 감가상각비, 기타상각비와 종업원급여비용 등을 포함하여 비용의 성격에 대하여 주석으로 추가정보를 공시하여야 한다.

(4) 자본변동표

자본변동표(statement of changes in owner's equity)는 일정 기간 동안 기업실체의 자본의 크기와 그 변동에 관한 정보를 제공하는 재무보고서이다. 자본을 구성하고 있는 자본금, 자본잉여금, 자본조정, 기타포괄손익누계액, 이익잉여금(또는 결손금)의 변동에 대한 포괄적인 정보를 제공한다.

(5) 현금흐름표

현금흐름표(statement of cash flow: SCF)는 일정 기간 동안 기업의 현금흐름을 영업활동과 투자활동 및 재무활동으로 구분하여 나타내는 보고서이다. 특정 회계기간 동안 발생한 현금의 유입과 유출내용을 적정하게 표시한 것으로 재무상태표, 포괄손익계산서를 보완하는 역할을 한다.

(6) 주석(유의적인 회계정책의 요약 및 그 밖의 설명으로 구성)

주석(footnote)은 재무제표 작성 근거와 사용한 회계정책에 대한 정보, 현행기준에서 요구하는 정보이나 재무제표 본문에 표시되지 않은 정보, 재무제표 어느 곳에도 표시되지 않지만 재무제표를 이해하는 데 목적적합한 정보를 포함하고 있다.

기초다지기 1 **회계순환과정 종합문제 – 재무상태표와 포괄손익계산서 작성**

다음은 청소용역업체인 (주)합격의 20×7년 1월 1일 재무상태표 항목과 20×7년 기중거래이다.

현 금	15,000	건 물	90,000	미지급금	15,000
비 품	50,000	단기차입금	60,000	매출채권	40,000
자본금	90,000	이익잉여금	30,000		

1/2	현금 ₩100,000을 은행에서 단기차입하다.
2/10	광고선전비 ₩10,000을 현금으로 지급하다.
3/3	소모품을 현금 ₩20,000으로 구입하고 자산으로 기록하였다.
4/10	용역 ₩30,000을 외상으로 제공하다.
5/7	비품 ₩30,000을 현금 ₩10,000과 나머지는 외상으로 구입하다.
7/1	건물을 임대한 대가로 현금 ₩80,000을 수령하다.
9/20	용역을 제공하고 현금 ₩40,000을 수령하다.
11/15	종업원 급여 ₩30,000을 현금으로 지급하다.
12/27	차입금에 대한 이자비용으로 ₩20,000을 지급하다.

01 기초재무상태표의 작성

재무상태표

(주)합격 20×7. 1. 1.

02 기중 회계처리

일 자	회계처리	
1/1		
2/10		
3/3		
4/10		
5/7		
7/1		
9/20		
11/15		
12/27		

03 전기와 잔액시산표

(1) 전 기

현 금

1/1 전기이월 15,000	

매출채권

1/1 전기이월 40,000	

비 품

1/1 전기이월 50,000	

건 물

1/1 전기이월 90,000	

소모품

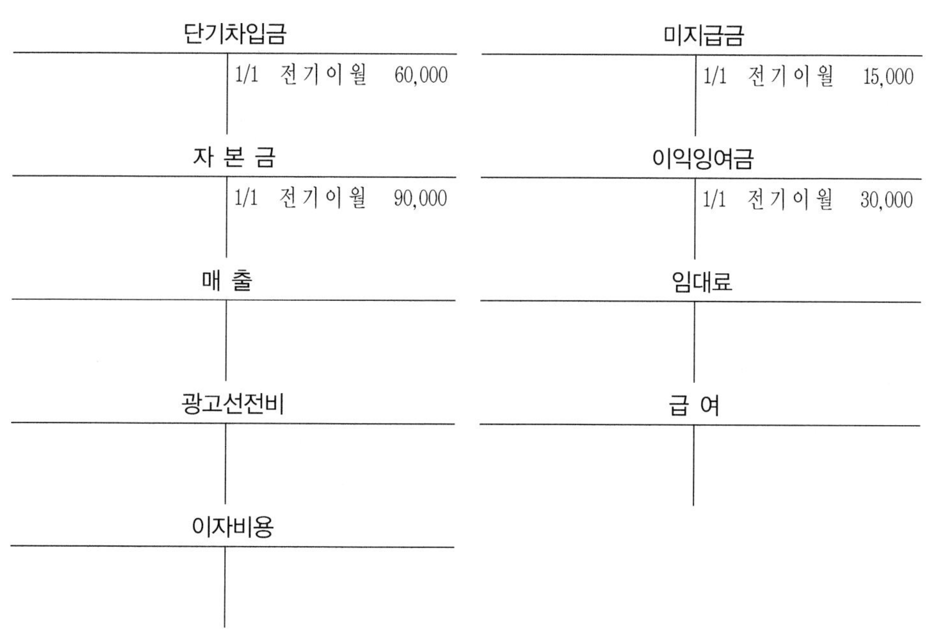

(2) 잔액시산표

잔액시산표

(주)합격 20×7. 12. 31.

차 변	계정과목	대 변
	현 금	
	매 출 채 권	
	소 모 품	
	비 품	
	건 물	
	미 지 급 금	
	단 기 차 입 금	
	자 본 금	
	이 익 잉 여 금	
	매 출	
	임 대 료	
	광 고 선 전 비	
	급 여	
	이 자 비 용	
	합 계	

04 기말 수정분개와 수정후시산표

결산수정사항

1. 차입금에 대한 당기 포괄손익계산서에 계상될 이자비용은 ₩35,000이다.
2. 7월 1일에 수령한 임대료는 1년분 임대료를 선수한 것이다.
3. 당기 감가상각비는 ₩16,000(건물 : ₩10,000, 비품 : ₩6,000)
4. 소모품 중 ₩5,000은 기말 현재 미사용되었다.

(1) 기말 수정분개

번 호	차 변	대 변
1		
2		
3		
4		

(2) 수정후시산표 작성

수정후시산표

(주)합격 20×7. 12. 31.

차 변	계정과목	대 변
	현 금	
	매 출 채 권	
	소 모 품	
	비 품	
	건 물	
	미 지 급 금	
	선 수 임 대 료	
	미 지 급 이 자	
	감가상각누계액	
	단 기 차 입 금	
	자 본 금	
	이 익 잉 여 금	
	매 출	
	임 대 료	
	광 고 선 전 비	
	급 여	
	이 자 비 용	
	감 가 상 각 비	
	소 모 품 비	
	합 계	

05 장부마감과 재무상태표 · 포괄손익계산서의 작성

(1) 총계정원장 마감

1) 포괄손익계산서계정의 마감

구 분	차 변	대 변
① 수익계정 마감		
② 비용계정 마감		
③ 당기순이익 대체		

2) 재무상태표계정의 마감

(2) 재무상태표 작성

재무상태표

(주)합격 20×7. 12. 31.

(3) 포괄손익계산서 작성

포괄손익계산서

(주)합격 20×7. 1. 1. ~ 20×7. 12. 31.

풀이 1. 기초재무상태표의 작성

재무상태표

(주)합격 20×7. 1. 1.

자산	금액	부채·자본	금액
현금및현금성자산	15,000	미 지 급 금	15,000
매 출 채 권	40,000	단 기 차 입 금	60,000
비 품	50,000	자 본 금	90,000
건 물	90,000	이 익 잉 여 금	30,000
	195,000		195,000

2. 기중 회계처리

일 자	회계처리					
1/2	(차)	현 금	100,000	(대)	단 기 차 입 금	100,000
2/10	(차)	광 고 선 전 비	10,000	(대)	현 금	10,000
3/3	(차)	소 모 품	20,000	(대)	현 금	20,000
4/10	(차)	매 출 채 권	30,000	(대)	매 출	30,000
5/7	(차)	비 품	30,000	(대)	현 금 미 지 급 금	10,000 20,000
7/1	(차)	현 금	80,000	(대)	임 대 료	80,000
9/20	(차)	현 금	40,000	(대)	매 출	40,000
11/15	(차)	급 여	30,000	(대)	현 금	30,000
12/27	(차)	이 자 비 용	20,000	(대)	현 금	20,000

3. 전기와 잔액시산표

(1) 전 기

현 금

일자	적요	금액	일자	적요	금액
1/1	전 기 이 월	15,000	2/10	광 고 선 전 비	10,000
1/2	단 기 차 입 금	100,000	3/3	소 모 품	20,000
7/1	임 대 료	80,000	5/7	비 품	10,000
9/20	매 출	40,000	11/15	급 여	30,000
			12/27	이 자 비 용	20,000

매출채권

일자	적요	금액	
1/1	전기이월	40,000	
4/10	매 출	30,000	

비 품

일자	적요	금액	
1/1	전기이월	50,000	
5/7	제 좌	30,000	

건 물

일자	적요	금액	
1/1	전기이월	90,000	

소모품

일자	적요	금액	
3/3	현 금	20,000	

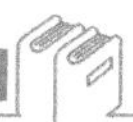

단기차입금

차변	대변
	1/1 전기이월 60,000
	1/2 현　금 100,000

미지급금

차변	대변
	1/1 전기이월 15,000
	5/7 비　품 20,000

자 본 금

차변	대변
	1/1 전기이월 90,000

이익잉여금

차변	대변
	1/1 전기이월 30,000

매 출

차변	대변
	4/10 매출채권 30,000
	9/20 현　금 40,000

임대료

차변	대변
	7/1 현　금 80,000

광고선전비

차변	대변
2/10 현　금 10,000	

급 여

차변	대변
11/15 현　금 30,000	

이자비용

차변	대변
12/27 현　금 20,000	

(2) 잔액시산표

잔액시산표

(주)합격　　　　20×7. 12. 31.

차 변	계정과목	대 변
145,000	현 금	
70,000	매 출 채 권	
20,000	소 모 품	
80,000	비 품	
90,000	건 물	
	미 지 급 금	35,000
	단 기 차 입 금	160,000
	자 본 금	90,000
	이 익 잉 여 금	30,000
	매 출	70,000
	임 대 료	80,000
10,000	광 고 선 전 비	
30,000	급 여	
20,000	이 자 비 용	
₩465,000	합 계	₩465,000

4. 기말 수정분개와 수정후시산표

(1) 기말 수정분개

번 호	차 변		대 변		
1	이 자 비 용	15,000	(대)	미 지 급 이 자	15,000
2	임 대 료	40,000	(대)	선 수 임 대 료	40,000
3	감 가 상 각 비	16,000	(대)	건물감가상각누계액 비품감가상각누계액	10,000 6,000
4	소 모 품 비	15,000	(대)	소 모 품	15,000

[기말 수정분개의 전기]

현 금

날짜	적요	금액	날짜	적요	금액
1/1	전 기 이 월	15,000	2/10	광 고 선 전 비	10,000
1/1	단 기 차 입 금	100,000	3/3	소 모 품	20,000
7/1	임 대 료	80,000	5/7	비 품	10,000
9/20	매 출	40,000	11/15	급 여	30,000
			12/27	이 자 비 용	20,000

매출채권

날짜	적요	금액	날짜	적요	금액
1/1	전기이월	40,000			
4/10	매 출	30,000			

비 품

날짜	적요	금액	날짜	적요	금액
1/1	전기이월	50,000			
5/7	제 좌	30,000			

건 물

날짜	적요	금액	날짜	적요	금액
1/1	전기이월	90,000			

소모품

날짜	적요	금액	날짜	적요	금액
3/3	현 금	20,000	12/31	소모품비	15,000

단기차입금

날짜	적요	금액	날짜	적요	금액
			1/1	전기이월	60,000
			1/1	현 금	100,000

미지급금

날짜	적요	금액	날짜	적요	금액
			1/1	전기이월	15,000
			5/7	비 품	20,000

자본금

날짜	적요	금액	날짜	적요	금액
			1/1	전기이월	90,000

이익잉여금

날짜	적요	금액	날짜	적요	금액
			1/1	전기이월	30,000

매 출

날짜	적요	금액	날짜	적요	금액
			4/10	매출채권	30,000
			9/20	현 금	40,000

임대료

날짜	적요	금액	날짜	적요	금액
12/31	선수임대료	40,000	7/1	현 금	80,000

광고선전비

날짜	적요	금액	날짜	적요	금액
2/10	현 금	10,000			

급 여

날짜	적요	금액	날짜	적요	금액
11/15	현 금	30,000			

이자비용

차변	대변
12/27 현 금 20,000	
12/31 미지급이자 15,000	

감가상각비

차변	대변
12/31 제 좌 16,000	

건물감가상각누계액

차변	대변
	12/31 감가상각비 10,000

소모품비

차변	대변
12/31 소 모 품 15,000	

비품감가상각누계액

차변	대변
	12/31 감가상각비 6,000

미지급이자

차변	대변
	12/31 이자비용 15,000

선수임대료

차변	대변
	12/31 임 대 료 40,000

⑵ 수정후시산표 작성

수정후시산표

(주)합격 20×7. 12. 31.

차 변	계정과목	대 변
145,000	현 금	
70,000	매 출 채 권	
5,000	소 모 품	
80,000	비 품	
90,000	건 물	
	미 지 급 금	35,000
	선 수 임 대 료	40,000
	미 지 급 이 자	15,000
	건물감가상각누계액	10,000
	비품감가상각누계액	6,000
	단 기 차 입 금	160,000
	자 본 금	90,000
	이 익 잉 여 금	30,000
	매 출	70,000
	임 대 료	40,000
10,000	광 고 선 전 비	
30,000	급 여	
35,000	이 자 비 용	
16,000	감 가 상 각 비	
15,000	소 모 품 비	
₩496,000	합 계	₩496,000

5. 장부마감과 재무상태표 · 포괄손익계산서의 작성

(1) 총계정원장마감 ⇨ 본 절차

1) 포괄손익계산서 계정의 마감

구 분	차 변		대 변	
① 수익계정마감	매 출	70,000	집 합 손 익	70,000
	임 대 료	40,000	집 합 손 익	40,000
② 비용계정마감	집 합 손 익	10,000	광 고 선 전 비	10,000
	집 합 손 익	30,000	급 여	30,000
	집 합 손 익	35,000	이 자 비 용	35,000
	집 합 손 익	16,000	감 가 상 각 비	16,000
	집 합 손 익	15,000	소 모 품 비	15,000
③ 당기순이익대체	집 합 손 익	4,000	이 익 잉 여 금	4,000

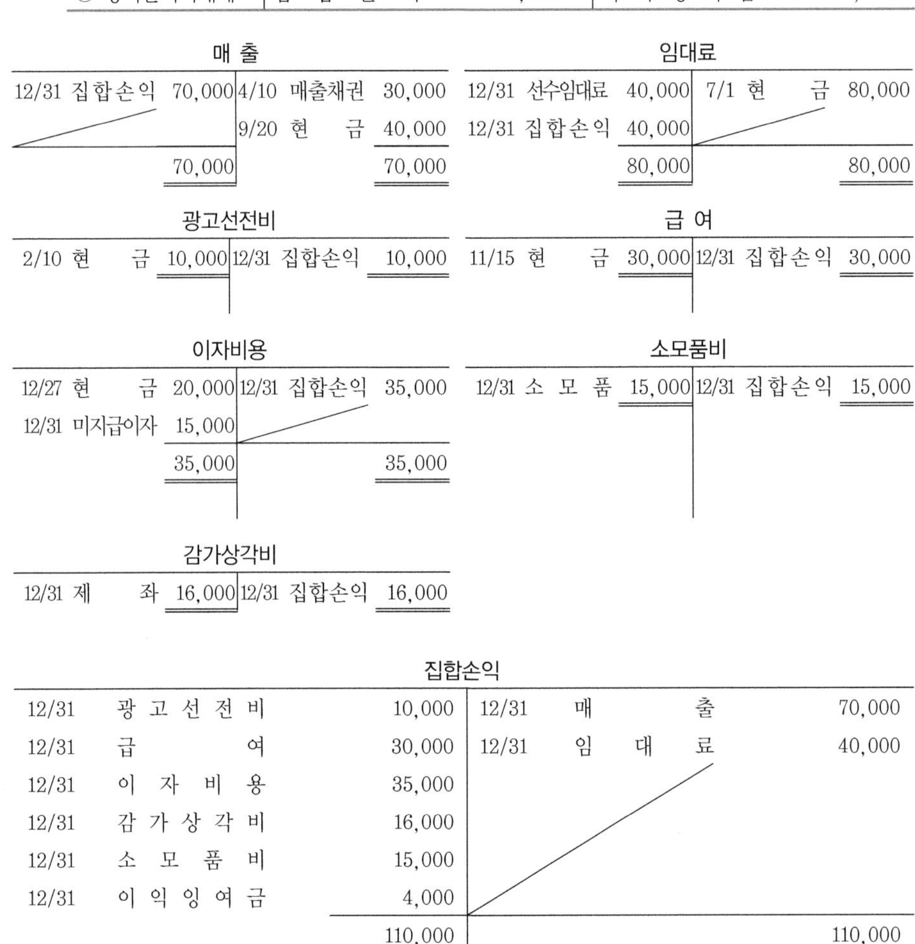

매 출

12/31 집합손익	70,000	4/10 매출채권	30,000
		9/20 현 금	40,000
	70,000		70,000

임대료

12/31 선수임대료	40,000	7/1 현 금	80,000
12/31 집합손익	40,000		
	80,000		80,000

광고선전비

2/10 현 금	10,000	12/31 집합손익	10,000

급 여

11/15 현 금	30,000	12/31 집합손익	30,000

이자비용

12/27 현 금	20,000	12/31 집합손익	35,000
12/31 미지급이자	15,000		
	35,000		35,000

소모품비

12/31 소 모 품	15,000	12/31 집합손익	15,000

감가상각비

12/31 제 좌	16,000	12/31 집합손익	16,000

집합손익

12/31	광 고 선 전 비	10,000	12/31	매 출	70,000
12/31	급 여	30,000	12/31	임 대 료	40,000
12/31	이 자 비 용	35,000			
12/31	감 가 상 각 비	16,000			
12/31	소 모 품 비	15,000			
12/31	이 익 잉 여 금	4,000			
		110,000			110,000

[당기순이익 대체분개]

(차) 집합손익 4,000 (대) 이익잉여금 4,000

2) 재무상태표계정 : 차기이월로 마감

현 금

1/1 전 기 이 월	15,000	2/10 광 고 선 전 비	10,000
1/2 단 기 차 입 금	100,000	3/3 소 모 품	20,000
7/1 임 대 료	80,000	5/7 비 품	10,000
9/20 매 출	40,000	11/15 급 여	30,000
		12/27 이 자 비 용	20,000
		12/31 차 기 이 월	**145,000**
	235,000		235,000
1/1 전 기 이 월	145,000		

매출채권

1/1 전기이월	40,000	**12/31 차기이월**	**70,000**
4/10 매 출	30,000		
	70,000		70,000
1/1 전기이월	70,000		

비 품

1/1 전기이월	50,000	**12/31 차기이월**	**80,000**
5/7 제 좌	30,000		
	80,000		80,000
1/1 전기이월	80,000		

건 물

1/1 전기이월	90,000	**12/31 차기이월**	**90,000**
1/1 전기이월	90,000		

소모품

3/3 현 금	20,000	12/31 소모품비	15,000
		12/31 차기이월	**5,000**
	20,000		20,000
1/1 전기이월	5,000		

단기차입금

12/31 차기이월	**160,000**	1/1 전기이월	60,000
		1/2 현 금	100,000
	160,000		160,000
		1/1 전기이월	160,000

미지급금

12/31 차기이월	**35,000**	1/1 전기이월	15,000
		5/7 비 품	20,000
	35,000		35,000
		1/1 전기이월	35,000

자본금

12/31 차기이월	**90,000**	1/1 전기이월	90,000
		1/1 전기이월	90,000

이익잉여금

12/31 차기이월	**34,000**	1/1 전기이월	30,000
		12/31 집합손익	4,000
	34,000		34,000
		1/1 전기이월	34,000

미지급이자

12/31 차기이월	**15,000**	12/31 이자비용	15,000
		1/1 전기이월	15,000

선수임대료

12/31 차기이월	**40,000**	12/31 임 대 료	40,000
		1/1 전기이월	40,000

비품감가상각누계액

12/31 차기이월	6,000	12/31 감가상각비	6,000
		1/1 전기이월	6,000

건물감가상각누계액

12/31 차기이월	10,000	12/31 감가상각비	10,000
		1/1 전기이월	10,000

⑵ 재무상태표 작성

재무상태표

(주)합격 20×7. 12. 31.

현금및현금성자산	145,000	미지급금	35,000
매출채권	70,000	선수임대료	40,000
소모품	5,000	미지급이자	15,000
비품	80,000	단기차입금	160,000
감가상각누계액	(6,000)	자본금	90,000
건물	90,000	이익잉여금	34,000
감가상각누계액	(10,000)		
	374,000		374,000

⑶ 포괄손익계산서 작성

포괄손익계산서

(주)합격 20×7. 1. 1. ~ 20×7. 12. 31.

광고선전비	10,000	매출	70,000
급여	30,000	임대료	40,000
이자비용	35,000		
감가상각비	16,000		
소모품비	15,000		
당기순이익	4,000		
	110,000		110,000

완성형 문제

1 회계기간 중에 현금으로 수령한 수익항목 중에서 일부가 차기분에 속한 금액이 있을 수 있다. 결산정리사항으로 차기 귀속분에 대하여 회계처리하는 경우 대변에 (   )계정으로 회계처리되어 (   )가 증가하며 차변에 수익이 감소한다.

2 회계기간 중에 현금으로 지급한 비용항목 중에서 일부가 차기분에 속한 금액이 있을 수 있다. 결산정리사항으로 차기 귀속분에 대하여 회계처리하는 경우 차변에 (   )계정으로 회계처리되어 (   )이 증가하며 대변에 비용이 감소한다.

3 회계기간 중에 용역 등을 제공하고 해당 대가를 수령하지 않아 장부에 계상되지 않은 경우 결산시 당기 발생분을 회계처리하여야 한다. 이 경우 차변에 (   )계정이 증가하여 (   )이 증가하며 대변에 수익이 발생한다.

4 회계기간 중에 용역 등을 제공받고도 해당 대가를 지급하지 않아 장부에 계상되지 않은 경우 결산시 당기 발생분을 회계처리하여야 한다. 이 경우 대변에 (   )계정이 증가하여 (   )가 증가하며 차변에 비용이 발생한다.

5 회계기간 중에 소모품 구입시 자산으로 처리한 경우는 기말 수정분개시 (   )에 대한 회계처리를 해야 하며, 비용으로 처리한 경우는 (   )에 대한 회계처리를 해야 한다.

6 기말 수정분개시 매출원가 계산을 위한 회계처리에서 기초상품재고액을 매출원가계정 (   )에 가산하고 당기매입액을 매출원가계정 (   )에 가산하여 판매가능액을 계산한 후 기말재고액을 매출원가 (   )에 기록하여 회계처리한다.

7 전체 재무제표는 기말 (   ), 기간 (   ), 기간 자본변동표, 기간 현금흐름표, 주석, 회계정책을 소급하여 적용하거나 재무제표의 항목을 소급하여 재작성 또는 재분류하는 경우 가장 이른 비교기간의 기초 재무상태표를 말한다.

1. 선수수익, 부채	2. 선급비용, 자산
3. 미수수익, 자산	4. 미지급비용, 부채
5. 사용분, 미사용분	6. 차변, 차변, 대변
7. 재무상태표, 포괄손익계산서	

선다형 문제

01 **발생하였으나 회계연도 말 현재 지급되지 않은 이자를 회계처리하기 위한 분개에 나타나는 계정과목은?**

① 분개 필요 없음
② (차) 이 자 비 용 ×××　(대) 미지급이자 ×××
③ (차) 미 수 이 자 ×××　(대) 이 자 수 익 ×××
④ (차) 미지급이자 ×××　(대) 이 자 비 용 ×××
⑤ (차) 이 자 수 익 ×××　(대) 미 수 이 자 ×××

해설 비용의 발생(예상)

02 **결산시 미지급비용의 계상과 관계가 깊은 것은?**

① 순액주의　② 비용의 이연
③ 비용의 발생(예상)　④ 실현주의
⑤ 수익의 발생(예상)

해설 수익의 발생(예상)계정은 미수수익을 뜻하고, 비용의 발생(예상)계정은 미지급비용을 뜻한다.

03 **이자 선수분에 관한 설명으로 맞는 것은?**

① 수익에 가산한다.　② 비용에 가산한다.
③ 수익에서 차감한다.　④ 비용에서 차감한다.
⑤ 수정하지 않는다.

해설 당기의 정확한 당기순손익을 계산하기 위하여 임대료선수분은 당기의 수익에서 차감하여야 한다.
분개 : (차) 임 대 료(수익의 감소) ×××　(대) 선수임대료(부채의 증가) ×××

04 **다음 손익에 관한 기말 정리분개 중 수익의 이연으로 재무상태표 대변에 표시되는 것은?**

① (차) 선급보험료 ×××　(대) 보 험 료 ×××
② (차) 이 자 수 익 ×××　(대) 선 수 이 자 ×××
③ (차) 미수임대료 ×××　(대) 임 대 료 ×××
④ (차) 임 대 료 ×××　(대) 미지급임차료 ×××
⑤ (차) 선 급 이 자 ×××　(대) 이 자 수 익 ×××

정답 01 ② 02 ③ 03 ③ 04 ②

해설 손익의 이연계정 : 선급비용, 선수수익
손익의 발생 : 미수수익, 미지급비용
수익의 이연계정 분개 : (차) 수익계정 ××× (대) 선수수익 ×××

05 **합격사는 9월 1일 1년분의 화재보험료 ₩960,000을 현금으로 지급하고 보험료를 회계처리하였다. 12월 31일 결산시에 필요한 수정분개를 하면 적당한 것은?**

① (차) 선급보험료 320,000 (대) 보 험 료 320,000
② (차) 보 험 료 320,000 (대) 선급보험료 320,000
③ (차) 선급보험료 640,000 (대) 보 험 료 640,000
④ (차) 보 험 료 640,000 (대) 선급보험료 640,000
⑤ (차) 선급보험료 960,000 (대) 보 험 료 960,000

해설 9월 1일 1년분 보험료 ₩960,000 지급분 중에서 보험료 미경과분(8개월분) ₩640,000 = (₩960,000×8/12)을 차기로 이연하여 회계처리한다.

06 **다음 자료에서 20×2년 기말 재무상태표에 표시되는 선급임차료(선급비용) 금액을 계산한 결과로 옳은 것은?**

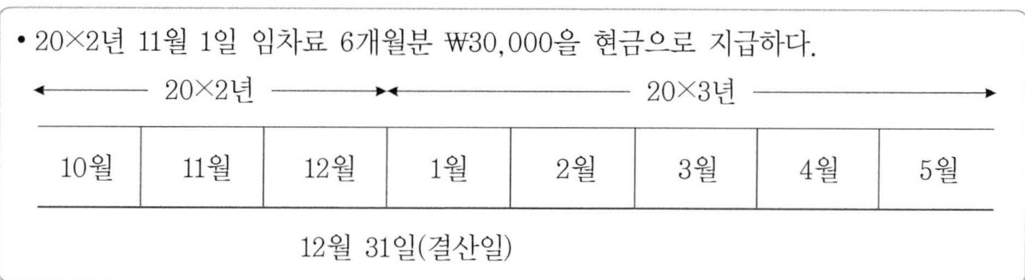
• 20×2년 11월 1일 임차료 6개월분 ₩30,000을 현금으로 지급하다.

① ₩5,000 ② ₩10,000
③ ₩20,000 ④ ₩30,000
⑤ ₩60,000

해설 선급임차료 : 30,000 × 4 / 6 = ₩20,000

07 **경기상회는 제7기(회계연도 20×2. 1. 1~12. 31) 11월 1일에 향후 6개월분의 임차료 90,000원을 지급하였다. 이 거래에 대하여 다음과 같이 분개하였을 때 제7기 말의 수정분개로 옳은 것은?**

(차) 선급임차료	90,000	(대) 현 금	90,000

정답 05 ③ 06 ③ 07 ①

① (차) 임 차 료	30,000	(대) 선급임차료	30,000
② (차) 임 차 료	15,000	(대) 선급임차료	150,000
③ (차) 현 금	30,000	(대) 선급임차료	300,000
④ (차) 현 금	15,000	(대) 임 차 료	15,000
⑤ (차) 임 차 료	30,000	(대) 미지급임차료	30,000

해설 임차료 지급시 임차료계정을 사용하지 않고 선급임차료계정을 사용하여 회계처리하였으므로 기말 수정분개는 당기 2개월분에 대하여 선급임차료를 감소하고 임차료 당기분 발생분개를 제시해야 한다. 기중에 임차료계정으로 기록하지 않고 선급임차료계정으로 회계처리했으므로 주의를 요한다.

(1) 기중 회계처리 : (차) 선급임차료 90,000 (대) 현 금 90,000

(2) 기말 수정분개 : (차) 보 험 료 30,000 (대) 선급임차료 30,000

08 다음 거래를 회계처리할 때 〈보기〉의 (가)에 기입할 계정과목으로 옳은 것은?

- 7월 1일 건물의 임대료 10개월분 ₩1,000,000(1개월 ₩100,000)을 현금으로 받다.
- 12월 31일 결산일에 임대료 선수분은 차기로 이월하고, 당기분은 손익계정에 대체하다.

보 기

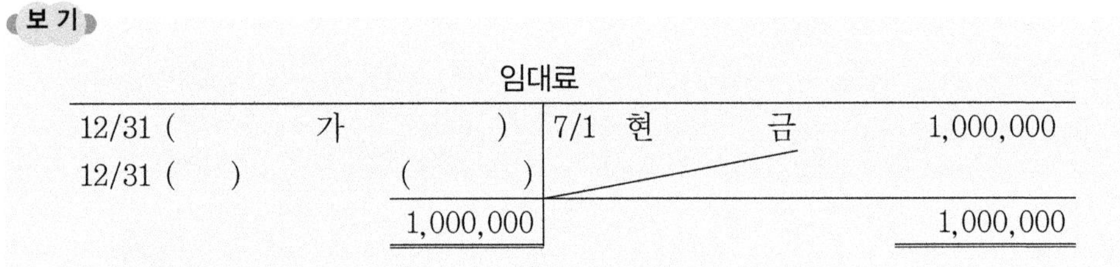

임대료

12/31 (가)		7/1 현 금	1,000,000
12/31 ( )	( )		
	1,000,000		1,000,000

① 현 금 ₩400,000　② 현 금 ₩600,000

③ 미수임대료 ₩600,000　④ 선수임대료 ₩400,000

⑤ 선수임대료 ₩600,000

해설 임대료 차기 귀속분(1,000,000 × 4 / 10 = ₩400,000)을 부채계정인 선수임대료계정으로 다음과 같이 회계처리한다.

(차) 임대료 400,000 (대) 선수임대료 400,000

09 다음 중 회계기말에 행할 수 있는 수정분개에 해당하지 않는 것은?

① (차) 당기손익금융자산	×××	(대) 당기손익금융자산평가이익	×××
② (차) 임 차 료	×××	(대) 미지급임차료	×××
③ (차) 손실충당금	×××	(대) 매 출 채 권	×××
④ (차) 미 수 이 자	×××	(대) 이 자 수 익	×××
⑤ (차) 소 모 품 비	×××	(대) 소 모 품	×××

정답 08 ④ 09 ③

 해설 손상차손(대손)이 발생되는 경우의 회계처리이므로 수정분개가 아니라 회계기간 중 회계처리이다.
① 평가손익 - 공정가치측정 금융자산 기말평가
② 비용의 발생(예상)
④ 수익의 발생(예상)
⑤ 소모품사용액 회계처리

10 **어떤 기업의 수정전잔액시산표에 소모품 ₩1,350, 소모품비 0원이 기록되어 있다. 소모품의 기말재고가 ₩600이라면, 필요한 결산수정분개는?**

① (차) 소 모 품 600 (대) 소모품비 600
② (차) 소 모 품 750 (대) 소모품비 750
③ (차) 소모품비 750 (대) 소 모 품 750
④ (차) 소모품비 600 (대) 소 모 품 600
⑤ (차) 소 모 품 600 (대) 소모품비 750

해설 수정전시산표상 소모품계정 잔액이 있으므로 회계기중에는 자산계상법으로 회계처리함을 알 수 있다. 따라서 기말정리사항은 사용분에 대한 비용발생분(1,350 - 600 = ₩750)을 인식해야 한다.

11 **다음은 수정전잔액시산표의 비용만을 나타낸 것이다. 결산정리사항을 반영한 후의 비용 총액으로 옳은 것은?**

잔액시산표(수정전)

○○기업 20×7년 12월 31일 (단위 : 원)

차 변	원 면	계정과목	대 변
·	생	·	·
·	략	·	·
·		·	·
500,000		급 여	
120,000		보 험 료	
80,000		여비교통비	
60,000		이 자 비 용	
×××			×××

결산정리사항(결산일 : 12월 31일)
• 보험료 선급분 ₩70,000 계상 • 이자 미지급분 ₩30,000 계상

① ₩600,000 ② ₩620,000
③ ₩650,000 ④ ₩690,000
⑤ ₩720,000

정답 10 ③ 11 ⑤

해설 (1) 보험료 : 120,000 - 70,000(선급분) = ₩50,000
(2) 이자비용 : 60,000 + 30,000 = ₩90,000
(3) 비용총액 : 500,000 + 50,000 + 80,000 + 90,000 = ₩720,000

12 **다음과 같이 자산총액과 수익총액의 변동을 동시에 발생시키는 결산정리사항으로 옳은 것은?**

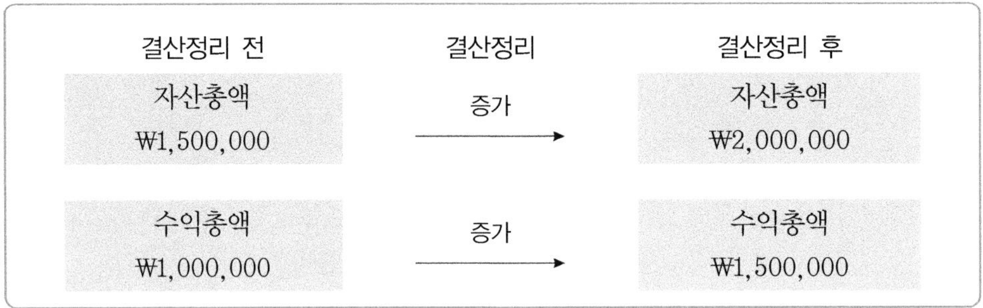

① 임대료 미수액은 ₩500,000이다.
② 수수료 선수액은 ₩500,000이다.
③ 보험금 미경과액은 ₩500,000이다.
④ 소모품 미사용액은 ₩500,000이다.
⑤ 차입금 이자선급액은 ₩500,000이다.

해설

	(차)		(대)	
②	수수료 수익	500,000	선수수수료	500,000
③	선급보험료	500,000	보 험 료	500,000
④	소 모 품	500,000	소모품비	500,000
⑤	선 급 이 자	500,000	이자비용	500,000

13 **다음은 손익의 결산정리사항을 나타낸 것이다. (가), (나)에 해당하는 것으로 옳은 것을 〈보기〉에서 고른 것은? (단, 비용은 지급시 비용계정으로 처리한다.)**

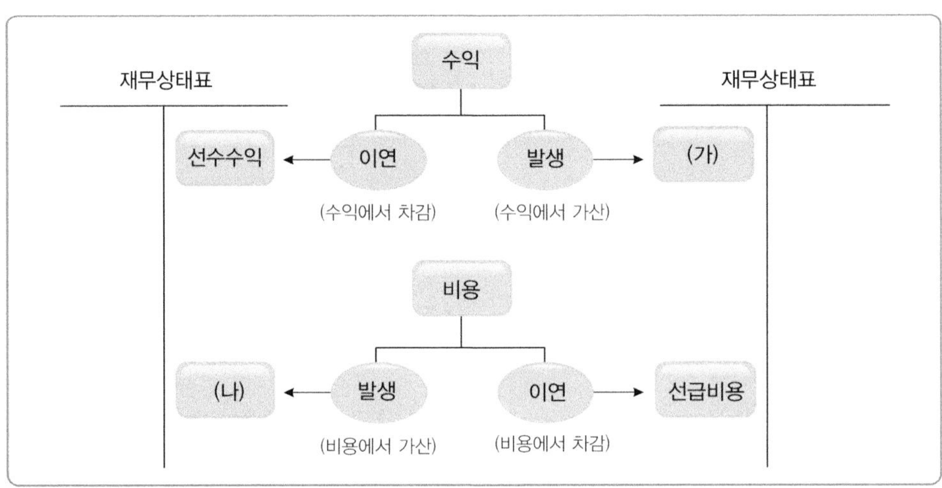

정답 12 ① 13 ③

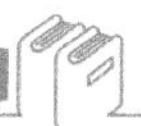

보 기

㉠ 이자 선수액을 계상하다. ㉡ 수수료 미수액을 계상하다.
㉢ 임차료 미지급액을 계상하다. ㉣ 보험료 미경과액을 계상하다.

	(가)	(나)		(가)	(나)
①	㉠	㉡	②	㉠	㉢
③	㉡	㉢	④	㉡	㉣
⑤	㉢	㉣			

해설 (가) : 미수수익 수익발생
(나) : 미지급비용 비용발생

14 **태백(주)은 영업개시 첫 연도이며 수정전시산표의 소모품계정에는 ₩124,000으로 차변기입되어 있다. 기말시점에서 보유하고 있는 소모품잔액이 ₩36,000이라면 소모품에 대한 적정한 수정분개를 했을 때의 영향으로 적정한 것은?**

① 순이익에 영향이 없다.
② ₩36,000만큼 비용계정에 차변기입하고 소모품계정에 대변기입한다.
③ 자산이 ₩124,000만큼 감소한다.
④ 비용이 ₩88,000만큼 증가한다.
⑤ 정답 없음

해설 수정전시산표상 소모품계정이 계상되어 있으므로 회계기중에는 자산처리법으로 회계처리했음을 알 수 있다. 따라서 기말 수정분개를 통하여 당기 사용분(124,000 − 36,000 = ₩88,000)을 회계처리한다.
(차) 소모품비 88,000 (대) 소모품 88,000

15 **다음 계정에서 결산시 소모품 미사용분 ₩8,000을 정리하기 위한 분개는?**

소모품비			
7/31 현	금	30,000	

	차변	금액	대변	금액
①	(차) 소모품비	22,000	(대) 소 모 품	30,000
	집합손익	8,000		
②	(차) 소 모 품	8,000	(대) 소모품비	30,000
	집합손익	22,000		
③	(차) 현 금	30,000	(대) 소 모 품	30,000
④	(차) 소모품비	30,000	(대) 현 금	30,000
⑤	(차) 소 모 품	30,000	(대) 소모품비	30,000

정답 14 ④ 15 ②

해설 소모품 구입시 소모품비계정으로 처리하면 비용처리법이라 한다. 비용처리법인 경우에는 기말결산에 미사용액을 분개하고, 사용액은 집합손익계정에 대체한다.

16 **다음 자료의 수정사항이 누락된 결과 당기순이익이 ₩120,000이었다면 정확한 당기순이익은?**

㉠ 감 가 상 각 비	₩50,000	㉡ 매출채권손상차손	₩10,000
㉢ 보험료 미경과액	10,000	㉣ 수수료선수액	20,000
㉤ 이 자 미 수 액	30,000	㉥ 급여미지급액	40,000

① ₩20,000　② ₩40,000
③ ₩50,000　④ ₩60,000
⑤ ₩70,000

해설 (1) 순이익에서 차감할 항목 : ㉠, ㉡, ㉣, ㉥
(2) 순이익에서 가산할 항목 : ㉢, ㉤
(3) ₩120,000(수정 전 당기순이익) − 50,000 − 10,000 + 10,000 − 20,000 + 30,000 − 40,000 = ₩40,000(정확한 당기순이익)

17 **결산시 당기순이익 ₩1,000,000이 산출되었으나 다음의 누락사항을 고려하여 정확한 순이익을 계산하면 얼마인가?**

㉠ 기말상품재고액	₩30,000	㉡ 소모품미사용액	₩10,000
㉢ 이자비용 미경과분	25,000	㉣ 임대료 미경과분	50,000

① ₩905,000　② ₩955,000
③ ₩965,000　④ ₩1,015,000
⑤ ₩1,020,000

해설 ₩1,000,000 + ₩30,000 + ₩10,000 + ₩25,000 − ₩50,000 = ₩1,015,000

18 **결산시 당기순이익 ₩260,000이 산출되었으나 다음과 같은 사항이 누락되어 있었다. 정확한 순이익을 계산하면 얼마인가?**

㉠ 보험료선급액	₩7,000	㉡ 이자미수분	₩4,000
㉢ 급여미지급분	12,000	㉣ 건물감가상각비	3,500

① ₩248,500　② ₩271,500
③ ₩264,500　④ ₩255,500
⑤ ₩260,000

정답 16 ②　17 ④　18 ④

 ₩260,000 + ₩7,000 + ₩4,000 − ₩12,000 − ₩3,500 = ₩255,500

19 **다음의 결산정리사항을 반영한 후의 정확한 당기순이익은 얼마인가? (회사의 결산수정 전 당기순이익은 ₩5,500,000이다)**

㉠ 선수이자 ₩150,000	㉡ 감가상각비 ₩440,000
㉢ 미지급임차료 220,000	㉣ 당기손익금융자산 평가이익 330,000
㉤ 선급보험료 170,000	㉥ 미지급배당금 300,000

① ₩4,890,000　② ₩5,190,000
③ ₩5,330,000　④ ₩5,150,000
⑤ ₩5,630,000

해설 미지급배당금은 이익잉여금 처분항목이므로 당기순이익 계산에 고려되지 않는다.
₩5,500,000 − 150,000 − 440,000 − 220,000 + 330,000 + 170,000 = ₩5,190,000

20 **합격상사의 수정전시산표 합계액은 ₩750,000이었다. 다음의 사항을 수정한 후의 시산표 합계액은 얼마인가? [수정시의 회계처리는 기업회계기준(서)에 따른다]**

• 소모품 미사용액 ₩2,000	• 보험료 미경과액 ₩5,000
• 감가상각비 10,000	• 이자수익 미수액 2,000

① ₩758,000　② ₩762,000
③ ₩765,000　④ ₩767,000
⑤ ₩769,000

(1) 소모품 미사용액 :	(차) 소 모 품(자산)	2,000	(대) 소 모 품 비(비용)	2,000
(2) 보험료 미경과액 :	(차) 선급보험료(자산)	5,000	(대) 보 험 료(비용)	5,000
(3) 감 가 상 각 비 :	(차) 감가상각비(비용)	10,000	(대) 감가상각누계액(자산차감)	10,000
(4) 이 자 미 수 액 :	(차) 미수이자(자산)	2,000	(대) 이 자 수 익(수익)	2,000

수정후시산표 합계액 : 750,000 + 10,000 + 2,000 = ₩762,000

 19 ② 20 ②

MEMO

Part 2

자산 · 부채 · 자본의 회계처리

본 과정은 기초회계의 핵심과정인 회계순환과정의 학습을 마치고 본격적으로 계정과목 학습을 하기에 앞서 자산, 부채 그리고 자본에 대한 기초적인 회계처리를 선행학습하는 것이다.

Chapter 01 현금및현금성자산 · 대여금및수취채권

제1절 현금및현금성자산

(1) 현금(cash)

① 기업에 보관 중인 현금	통화와 통화대용증권(자기앞수표 · 당좌수표 · 가계수표 · 송금수표 · 우편환증서 · 지급기일이 도래한 사채이자표 등)
② 은행에 보관 중인 현금	보통예금, 당좌예금

▶ 우표 · 수입인지(선급비용 또는 소모품), 가불증(종업원단기대여금), 선일자수표(일반적 상거래의 경우 : 매출채권) 등은 현금및현금성자산에 포함되지 않는 항목임을 주의할 것

현금계정

전기이월액	현금이 나가는 경우(지출액)
현금이 들어오는 경우(수입액)	차기이월(현금잔액)

(2) 현금성자산

현금성자산(cash equivalents)이란 큰 거래비용 없이 현금으로 전환이 용이하고, 이자율 변동에 따른 가치 변동의 위험이 경미한 유동성이 높은 단기투자자산으로서 취득 당시 만기 또는 상환일이 3개월 이내에 도래하는 것으로 주식 등 지분상품은 제외한다.

예 취득 당시 만기가 3개월 이내에 도래하는 채권, 취득 당시 3개월 이내의 환매조건인 환매채 등

기초다지기 1

신나라상점의 20×7년 10월 중 거래를 분개하고 현금계정에 전기하시오. [단, 상품계정은 단일상품계정(분기법)으로 회계처리한다.]

10/1	현금 ₩1,000,000을 출자하여 영업을 시작하다.
7	상품 ₩300,000을 매입하고, 대금은 자기앞수표로 지급하다.
15	업무용 컴퓨터를 구입하고 대금 ₩500,000을 현금으로 지급하다.
23	상품 ₩100,000(원가 ₩85,000)을 매출하고, 거래처발행의 당좌수표를 수령하다.

풀이 1. 회계처리

10/1	(차) 현 금	1,000,000	(대) 자 본 금	1,000,000
7	(차) 상 품	300,000	(대) 현 금	300,000
15	(차) 비 품	500,000	(대) 현 금	500,000
23	(차) 현 금	100,000	(대) 상 품	85,000
			상품매출이익	15,000

2. 전 기

현 금

차변			대변		
10/1	자 본 금	1,000,000	10/7	상 품	300,000
23	제 좌	100,000	15	비 품	500,000

제2절 현금과부족과 소액현금

(1) 현금과부족

현금계정은 실제잔액과 현금계정이나 현금출납장 등을 통한 장부잔액과 일치하여야 한다. 그러나 기업은 여러 착오사항이나 부주의 등으로 일치하지 않을 경우가 있다. 이와 같이 회사의 현금의 실제액과 현금의 장부잔액이 일치하지 않는 경우 현금과부족계정(cash over and short)을 설정하여 양자를 일치시킨 후 차이 원인이 밝혀지면 해당 계정으로 대체하고 결산시까지 찾지 못하면 잡이익계정이나 잡손실계정으로 대체한다.

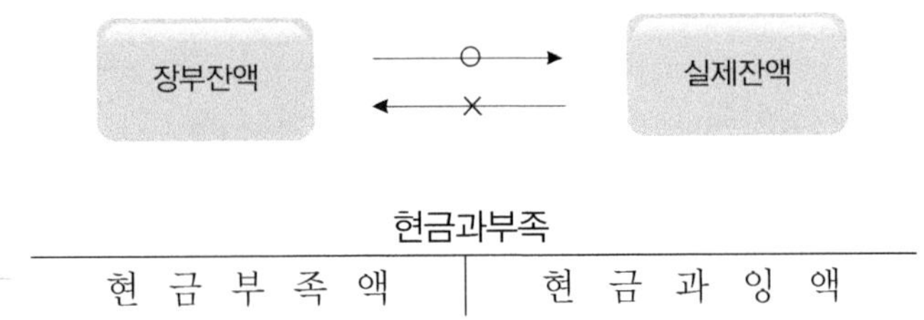

기초다지기 2

다음의 거래를 분개하시오.

3/1	경리부서의 담당자가 현금잔액을 실사한 바 ₩320,000이었으나, 장부상 현금계정의 잔액은 ₩350,000이었다. 경리부서 담당자가 발견시에는 부족의 원인을 알 수 없었다.
19	현금부족액 중 ₩20,000은 여비교통비가 지급된 것에 대한 회계처리가 누락되었다.
31	현금부족액의 원인이 결산 때까지 규명되지 않았다.

 본 예제의 경우는 장부잔액보다 실제잔액이 적은 상황이므로 현금이 부족한 상황이다.

3/1 발견시

(차)	현금과부족	30,000	(대) 현 금	30,000

19 원인 규명시

(차)	여비교통비	20,000	(대) 현금과부족	20,000

31 결산시 원인이 규명되지 않은 경우

(차)	잡 손 실	10,000	(대) 현금과부족	10,000

(2) 소액현금제도

현금 지출시 통제를 위하여 소액의 지출시마다 수표 발행하여 결제하는 번거로움을 극복하기 위한 제도이다. 즉, 일정한 현금을 소액현금이란 기금으로 각 사용부서에 설정하고 영수증을 통해 지출 보고시 다시 재보급하는 제도이다. 소액현금의 보급액 또는 선급액을 소액현금계정 차변에, 지출 보고시 소액현금계정 대변에 각각 기록한다. 소액현금제도는 보충시 어떤 금액으로 보충해주느냐에 따라 실무적으로 많이 사용하고 있는 정액자금전도제와 부정액자금전도제가 있다. 전자는 일정기간 동안 실제 사용한 금액과 동일한 금액의 수표를 발행하여 보전해주고 후자는 필요에 따라 수시로 보전하는 제도이다.

기초다지기 3

다음의 거래를 회계처리하시오. (정액자금선급법)

3/1 회계과는 소액자금으로 ₩300,000을 수표발행하여 선급하다.
31 용도계로부터 여비교통비 ₩95,000, 소모품비 ₩80,000, 잡비 ₩75,000을 지급하였다는 보고를 받다.
31 회계과는 지출 보고와 동시에 동액을 수표발행하여 지급하다.

풀이 1. 3/1 소액현금 보급시

(차)	소 액 현 금	300,000	(대) 당 좌 예 금	300,000

2. 3/31

(1) 지출 보고시

(차)	여비교통비	95,000	(대) 소 액 현 금	250,000
	소 모 품 비	80,000		
	잡 비	75,000		

(2) 재보급시

(차)	소 액 현 금	250,000	(대) 당 좌 예 금	250,000

➲ 지출보고와 재보급이 동시에 이루지는 경우 회계처리를 다음과 같이 제시할 수 있다.

(차) 여 비 교 통 비	95,000	(대) 당 좌 예 금	250,000
소 모 품 비	80,000		
잡 비	75,000		

제3절 당좌예금

(1) 의 의

기업이 은행과 당좌거래계약을 체결한 후 회사가 당좌예금 범위 내에서 수표발행 형태로서 언제든지 자유롭게 인출할 수 있는 예금으로 자산계정이다. 예입시 차변에 기입하고 수표발행에 의한 인출시 대변에 기입하여 차변잔액을 나타낸다.

구 분	차 변		대 변	
예입시	당좌예금	×××	현 금	×××
인출시	현 금	×××	당좌예금	×××

당좌예금

전기이월(기초잔액)	인 출 액(=당좌수표발행액)
예입액	차기이월(기말 예금잔액)

(2) 당좌차월

당좌예금의 인출은 예입액의 한도 내에서만 가능하지만 기업과 은행이 당좌차월계약에 의해서 예금잔액을 초과하여 일정한도까지 수표를 발행할 수 있다. 이 초과액을 '당좌차월(overdraft)'이라고 하며 당좌예금의 마이너스 잔액으로 나타난다. 따라서 특정의 당좌차월을 제외하고 결산일에 당좌차월의 대변잔액이 남아 있으면 단기차입금계정에 합산하여 표시할 수 있다.

Q&A

Q 특정의 당좌차월은 무엇일까?

A 당좌예금의 마이너스 잔액을 나타내는 당좌차월 중에서 금융회사의 요구에 따라 즉시 상환해야 하는 경우를 말합니다. 이는 기업의 현금관리의 일부를 구성하므로 현금및현금성자산의 구성요소(현금의 차감계정)에 포함됩니다.

기초다지기 4

다음은 합격사의 거래이다. 해당거래를 분개하고, 당좌예금계정에 전기하시오. [단, 상품계정은 단일상품계정(분기법)으로 회계처리한다]

5/1	A은행과 당좌계약을 체결하고, 현금 ₩1,000,000을 당좌예입하다.
15	상품 ₩750,000을 매입하고, 수표발행(#777)하여 지급하다.
20	소망사에 상품 ₩270,000(원가 ₩220,000)을 매출하고, 대금은 자기앞수표를 받아 거래은행에 당좌예입하다.
28	희망사에 상품 ₩300,000(원가 ₩280,000)을 매출하고, 대금은 앞서 당점(합격사)이 발행한 수표로 받다.

풀이

일자	차변	금액	대변	금액
5/1	(차) 당좌예금	1,000,000	(대) 현금	1,000,000
15	(차) 상품	750,000	(대) 당좌예금	750,000
20	(차) 당좌예금	270,000	(대) 상품	220,000
			상품매출이익	50,000
28	(차) 당좌예금	300,000	(대) 상품	280,000
			상품매출이익	20,000

당좌예금

차변		대변	
5/1 현금	1,000,000	5/15 상품	750,000
20 제좌	270,000		
28 제좌	300,000		

제4절 당기손익 - 공정가치측정 금융자산

(1) 의의 및 취득

당기손익 – 공정가치측정 금융자산은 단기간 내에 처분할 목적으로 보유한 금융자산을 말한다. 따라서 취득시 당기손익 – 공정가치측정 금융자산의 차변에 최초 인식시 공정가치로 측정한다. 이 경우 당해 금융자산의 취득과 직접 관련된 거래원가는 취득원가에 포함하지 않고 당기비용으로 처리한다.

취득시 : (차) 당기손익 – 공정가치측정 금융자산	×××	(대) 당좌예금	×××

▶ 당기손익 – 공정가치측정 금융자산의 보유시와 기말평가시 회계처리는 기본과정에서 심화할 것이다.

(2) 당기손익－공정가치측정 금융자산의 처분

처분시점의 장부금액을 대변에 기입하고, 처분가액을 차변에 기입한다. 또한 순처분가액(처분 관련 수수료 등을 차감한 금액)과 장부금액의 차이는 당기손익－공정가치측정 금융자산처분손익계정으로 처리한다.

구분	분개
(1) 처분이익 발생시 (처분가액 > 처분 전 장부금액)	(차) 당 좌 예 금 ××× (대) 당기손익-공정가치측정 금 융 자 산 ××× 당기손익-공정가치측정 금융자산처분이익 ×××
(2) 처분손실 발생시 (처분가액 < 처분 전 장부금액)	(차) 당 좌 예 금 ××× (대) 당기손익-공정가치측정 금 융 자 산 ××× 당기손익-공정가치측정 금융자산처분손실 ×××

기초다지기 5

다음 거래를 분개하시오.

3/2 단기적인 자금운용 목적으로 합격사의 주식 500주(액면가액 @₩5,000)를 @₩7,000에 매입하고, 직접 관련된 거래원가 ₩100,000과 함께 수표발행하여 지급하다.

4/10 보유하고 있던 합격사 주식 전부를 @₩7,500에 처분하고 수수료 ₩50,000을 차감한 잔액을 현금으로 수령하다.

풀이

3/2 (차) 당기손익-공정가치측정 금융자산 3,500,000 (대) 당 좌 예 금 3,600,000
수 수 료 비 용 100,000

4/10 순 처분가액 : (500주×@₩7,500)－50,000＝₩3,700,000
(차) 현 금 3,700,000 (대) 당기손익-공정가치측정 금융자산 3,500,000
당기손익-공정가치측정 금융자산처분이익 200,000

제5절 매출채권

(1) 외상매출금계정

기업이 외상으로 상품이나 제품을 판매하거나 용역을 제공하여 발생한 채권을 외상매출금이라 한다. 이와 같이 발생하는 외상채권은 다음과 같이 회계처리한다.

▶ 만약 상품을 외상으로 매입하고 발생하는 채무는 외상매입금이라고 한다.

회계처리

(차) 외상매출금 ×××　　(대) 매출 ×××

▶ 만약 매입처인 경우에는 외상매입금계정이 통제계정이다.

외상매출금

전기이월	×××	매출환입·에누리	×××
외상매출액	×××	매출할인	×××
		손상발생	×××
		회수액	×××
		차기이월(기말잔액)	×××

매출환입·매출에누리·매출할인 ⇨ 매출차감요소

기초다지기 6

다음 거래를 분개하고 전기하시오.

8/1 백두상점에 상품 ₩300,000을 외상으로 매출하다.
12 한라상점에 상품 ₩420,000을 외상으로 매출하다.
25 한라상점으로부터 외상매출금 중에서 ₩200,000을 현금으로 회수하다.

풀이 1. 회계처리

8/1	(차) 외상매출금	300,000	(대) 매출	300,000
12	(차) 외상매출금	420,000	(대) 매출	420,000
25	(차) 현금	200,000	(대) 외상매출금	200,000

2. 전기

외상매출금

8/1	매출	300,000	8/25	현금	200,000
12	매출	420,000	31	차기이월	520,000
		720,000			720,000
9/1	전기이월	520,000			

➲ 보조원장인 매출처원장(백두상점 · 한라상점)을 통해서 매출처별 내용을 확인할 수 있다.

(2) 받을어음계정

상품을 매출하고 발생하는 어음상 채권을 처리하는 자산계정을 말한다. 받을어음계정은 상품 매출거래를 통해서 약속어음이나 환어음을 수취한 경우 발생한다. 특히 약속어음과 환어음을 상거래를 통해서 수령한 경우만 받을어음(매출채권)계정을 사용한다는 점을 주의해야 한다.

구 분	회계처리
약속어음 수취시	(차) 받을어음 ××× (대) 매 출 ×××
환어음 수취시	(차) 받을어음 ××× (대) 매 출 ×××

▶ 약속어음 발행 · 환어음 인수 : 어음상 채무 발생 ⇨ 지급어음(부채)계정

받을어음

차변		대변	
전 기 이 월	×××	어음회수	×××
약 속 어 음 수 취	×××	차기이월(기말잔액)	×××
환 어 음 수 취	×××		

기초다지기 7

다음의 거래를 분개하시오.

6/2 인왕상점에 상품 ₩500,000을 매출하고, 대금으로 동점발행 청계상점앞 당점 수취의 환어음(#100, 발행일 6월 2일, 만기일 9월 20일, 지급장소 한길은행)을 받아 즉시 청계상점으로부터 인수를 받았다.

20 아차상점에 상품 ₩1,000,000을 매출하고, 당점앞 약속어음(#120, 발행일 6월 20일, 만기일 10월 31일)을 수취하였다.

풀이

6/2	(차) 받 을 어 음	500,000	(대) 매 출		500,000
20	(차) 받 을 어 음	1,000,000	(대) 매 출		1,000,000

제6절 기타의 채권 · 채무

(1) 단기대여금

기업이 차용증서를 받고 빌려준 돈을 대여금(loans receivable)이라 한다. 이 경우 돈을 빌려주었을 때에는 자산계정인 대여금계정 차변에 기입하고 회수했을 때는 대변에 기입한다. 따라서 대여금계정 차변잔액은 기말 대여금잔액을 나타낸다. 대여금은 대여기간이 1년 이내인 것은 단기대여금계정으로 처리하고, 1년을 초과하는 것은 장기대여금계정으로 처리한다.

▶ 단기대여금(자산) ↔ 단기차입금(부채)

기초다지기 8

다음의 거래를 분개하시오.

1/5	김성실에게 현금 ₩5,000,000을 10개월 후에 회수하기로 대여하고 차용증서를 받다.
11/1	대여금의 원금 ₩5,000,000과 이자 ₩40,000을 현금으로 수령하다.

날짜		차변 계정	금액		대변 계정	금액
1/5	(차)	단기대여금	5,000,000	(대)	현금	5,000,000
11/1	(차)	현금	5,040,000	(대)	단기대여금	5,000,000
					이자수익	40,000

(2) 미수금

미수금(accounts receivable-other)은 토지・건물 등과 같이 상품매매 이외의 거래에서 발생하는 채권을 처리하는 자산계정이다. 따라서 미수금계정의 차변은 상품 이외의 자산을 처분하고 대금을 받지 않은 경우 기록하고 회수한 경우 대변에 기입한다. 따라서 미수금계정 잔액은 상품 이외의 거래에서 발생한 미회수채권의 잔액을 말한다.

▶ 미수금(자산) ↔ 미지급금(부채)

기초다지기 9

다음 거래를 분개하시오.

2/3	한라사는 영업용으로 보유하고 있던 기계장치를 ₩1,500,000에 처분하고, 대금을 월말에 회수하기로 하였다.
28	기계장치 미수대금 ₩1,500,000을 현금으로 회수하여 당좌예입하였다.

날짜		차변 계정	금액		대변 계정	금액
2/3	(차)	미수금	1,500,000	(대)	기계장치	1,500,000
28	(차)	당좌예금	1,500,000	(대)	미수금	1,500,000

(3) 선급금

상품・원재료 등을 매입하는 경우 매매계약을 확실하게 하기 위하여 대금의 일부를 계약금 명목으로 재화 인도시기 이전에 지급한 금액을 선급금(advance payments)이라 한다.

▶ 선급금(자산) ↔ 선수금(부채)

기초다지기 10

다음 거래를 분개하시오.

3/4	백두사는 상품 ₩3,000,000을 주문하고, 계약금으로 ₩200,000을 수표발행하여 지급하다.
20	주문한 상품이 도착하여 대금 중 잔금을 당좌수표를 발행하여 지급하다.

3/4	(차)	선급금	200,000	(대)	당좌예금	200,000
20	(차)	매입	3,000,000	(대)	선급금	200,000
					당좌예금	2,800,000

(4) 가지급금

현금의 지출이 있었으나 계정과목이 미확정일 경우에는 가지급금(suspense payments)계정과목으로 회계처리한다.

▶ 가지급금(자산) ↔ 가수금(부채)

기초다지기 11

다음 거래를 분개하시오.

4/3	총무부 김성실씨에게 출장과 관련하여 여비로 현금 ₩300,000을 지급하였다.
7	출장에서 돌아온 김성실씨가 여비로 수령했던 금액 중 잔액 ₩30,000을 현금으로 반환하였다.

4/3	(차)	가지급금	300,000	(대)	현금	300,000
7	(차)	여비교통비	270,000	(대)	가지급금	300,000
		현금	30,000			

(5) 미결산

미결산계정(suspense account)은 거래는 발생하였으나 현금의 수입, 지출이 없고 거래 자체가 아직까지 완료되지 않아 계정과목이나 금액이 결정되지 못한 경우 임시적으로 처리하는 계정이다. 예를 들면 회사의 건물이 화재로 소실되어 보험금을 청구한 상태인 경우 등이다.

기초다지기 12

다음 거래를 분개하시오.

5/2 태백사는 화재로 인하여 장부금액 ₩10,000,000의 건물이 소실되어 보험사에 청구 중이다.
20 보험사로부터 보상액이 ₩9,500,000으로 결정되었다는 통보를 받았다.
31 보험사로부터 보험금 ₩9,500,000을 현금으로 수령하여 당좌예입하다.

풀이

		차변	금액		대변	금액
5/2	(차)	미 결 산	10,000,000	(대)	건 물	10,000,000
20	(차)	미 수 금	9,500,000	(대)	미 결 산	10,000,000
		재 해 손 실	500,000			
31	(차)	당 좌 예 금	9,500,000	(대)	미 수 금	9,500,000

Chapter 02

재고자산의 회계처리

제1절 상품매매의 회계처리

(1) 상품매매거래의 의의

상품의 매입거래와 매출거래를 기록함으로써 (순)매출액, 매출원가, 매출총이익 그리고 기말재고자산을 계산할 수 있다.

(2) 상기업의 영업순환주기

상품 구입 → 상품을 재고로 보유 → 현금 또는 외상판매 → 외상판매대금 회수

(3) 상품매매의 기록

① 상품구매시 회계처리

상품매입시	(차) 매입(상품) ××× (대) 외상매입금 ×××

순매입액 = 매입원가(매입운임 포함) − 매입환출 · 매입에누리 · 매입할인
매입환출 : 상품의 파손이나 결함 등으로 상품을 반품한 것
매입에누리 : 상품의 파손이나 결함 등으로 가격을 깎은 것
매입할인 : 매입채무를 할인기간 내 조기 지급할 경우 받게 되는 유리한 현금할인

기초다지기 1

다음 자료를 이용하여 순매입액을 계산하시오.

㉠	기 초 재 고 액	₩30,000	㉡	당 기 매 입 액	₩200,000
㉢	매 출 환 입	5,000	㉣	매 입 에 누 리	10,000
㉤	매 입 환 출	7,000	㉥	매 입 운 임	2,000
㉦	매 출 운 임	1,000	㉧	매 출 에 누 리	13,000
㉨	총 매 출 액	400,000	㉩	매 입 할 인	1,000
㉪	매 출 할 인	10,000	㉫	기말상품재고액	40,000

풀이 순매입액 = 매입액 + 매입운임 − 매입환출 · 매입에누리 · 매입할인 = ㉡ + ㉥ − ㉣ − ㉤ − ㉩
= 200,000 + 2,000 − 10,000 − 7,000 − 1,000 = ₩184,000

② 상품매출시 회계처리

상품매출시	(차) 외상매출금 ××× (대) 매출(상품) ×××

▶ 순매출액＝총매출액－매출환입·매출에누리·매출할인
매출환입 : 상품의 파손이나 결함 등으로 상품이 반품된 것
매출에누리 : 상품의 파손이나 결함 등으로 가격을 깎아 준 것
매출할인 : 매출채권이 할인기간 내에 조기 회수되어 할인을 해 주는 경우

기초다지기 2

다음 자료를 이용하여 순매출액을 계산하시오.

㉠ 기초재고액	₩30,000	㉡ 당기매입액	₩200,000
㉢ 매출환입	5,000	㉣ 매입에누리	10,000
㉤ 매입환출	7,000	㉥ 매입운임	2,000
㉦ 매출운임	1,000	㉧ 매출에누리	13,000
㉨ 총매출액	400,000	㉩ 매입할인	1,000
㉪ 매출할인	10,000	㉫ 기말상품재고액	40,000

풀이 순매출액＝총매출액－매출환입·매출에누리·매출할인＝㉨－㉢－㉧－㉪
＝400,000－5,000－13,000－10,000＝₩372,000

(4) 매출총이익 산출＝①－②

① 순매출액	총매출액－매출환입·매출에누리·매출할인
② 매출원가	기초상품재고액 ＋당기순매입액 －기말상품재고액
③ 매출총이익	순매출액(①)－매출원가(②)

▶ 매출총이익률＝매출총이익 / 순매출액

상품(혼합계정)

기초상품재고액	(원가)	총매출액	(매가)
총 매 입 액	(원가)	매입환출	(원가)
매 입 제 비 용	(원가)	매입에누리	(원가)
매 출 환 입	(매가)	매입할인	(원가)
매 출 에 누 리	(매가)	기말재고액	(원가)
매 출 할 인	(매가)		
상품매출이익			

상품매출이익과 상품매출손실은 동시에 발생되지 않는다. 즉, 상품매출이익은 대변이 차변보다 크면 발생하고, 상품매출손실은 반대의 경우에 발생된다.

기초다지기 3

다음 자료를 이용하여 매출총이익을 계산하시오.

㉠ 기 초 재 고 액	₩30,000	㉡ 당 기 매 입 액	₩200,000
㉢ 매 출 환 입	5,000	㉣ 매 입 에 누 리	10,000
㉤ 매 입 환 출	7,000	㉥ 매 입 운 임	2,000
㉦ 매 출 운 임	1,000	㉧ 매 출 에 누 리	13,000
㉨ 총 매 출 액	400,000	㉩ 매 입 할 인	1,000
㉪ 매 출 할 인	10,000	㉫ 기말상품재고액	40,000

풀이 매출총이익 = 순매출액 − 매출원가
= 순매출액 − (기초상품재고액 + 당기순매입액 − 기말상품재고액)
= (㉨ − ㉢ − ㉧ − ㉪) − [㉠ + (㉡ + ㉥ − ㉣ − ㉤ − ㉩) − ㉫] = ₩198,000

상품(혼합상품)

기초상품재고액	30,000	총 매 출 액	400,000
매 입 액	200,000	매 입 환 출	7,000
매 입 제 비 용	2,000	매 입 에 누 리	10,000
매 출 환 입	5,000	매 입 할 인	1,000
매 출 에 누 리	13,000	기 말 재 고 액	40,000
매 출 할 인	10,000		
상 품 매 출 이 익	**198,000**		

제2절 재고자산

(1) 재고자산의 의의

유동자산 중 기업의 정상적인 영업활동과정에서 판매를 목적으로 보유하고 있는 자산 또는 판매목적으로 제품을 생산하는 과정에서 사용 또는 소비될 자산을 뜻한다.

▶ 재고자산은 최종 목적이 판매에 있으므로 판매목적 이외의 목적을 위하여 매입한 자산이라면 재고자산 이외의 다른 자산으로 분류하여야 한다.

(2) 재고자산의 종류

재고자산(inventories)은 정상적인 영업과정에서 판매될 목적으로 보유한 자산으로 유통업이나 제조업에서 상품, 제품, 재공품, 원재료, 소모품 등으로 구성된다.

- 정상적인 영업과정에서 판매를 위하여 보유 중인 자산 : 상품, 제품
- 정상적인 영업과정에서 판매를 위하여 생산 중인 자산 : 재공품
- 생산이나 용역제공에 사용될 원재료나 소모품 : 원재료, 소모품

Chapter 03

비유동자산의 회계처리

제1절 유형자산

(1) 유형자산의 의의와 분류

유형자산은 기업이 장기간 영업활동에 사용하기 위하여 취득한 자산으로 토지, 건물, 구축물, 기계장치, 건설중인 자산 등이 있다. 유형자산은 취득시점에서 매입원가에 취득을 위해 직접 지출된 비용 등을 가산하여 관련 계정 차변에 기입하고, 처분하였을 때 대변에 기입한다. 이 경우 처분가액과 처분시 장부금액의 차이는 유형자산처분손익으로 처리한다.

1) 토 지

영업활동에 사용하기 위하여 취득한 대지・임야・전・답・잡종지 등을 말한다. 취득시 토지 계정 차변에 구입대금과 매입을 위해 지출된 부대비용을 가산하여 기입하고, 처분시 대변에 장부금액을 기록한다.

기초다지기 1

다음 거래를 분개하시오.

6/2	태백사는 영업용 토지를 ₩10,000,000에 매입하고, 대금은 수표발행하여 지급하다. 또한 매입과 관련된 중개수수료 등 제 비용 ₩90,000을 현금으로 지급하다.
30	태백사는 취득한 ₩4,000,000(원가) 토지를 ₩4,800,000에 처분하고 대금은 다음달 말에 받기로 하다.

풀이

6/2	(차)	토 지	10,090,000	(대)	당 좌 예 금	10,000,000
					현 금	90,000
30	(차)	미 수 금	4,800,000	(대)	토 지	4,000,000
					유형자산처분이익	800,000

2) 건 물

영업활동에 사용할 목적으로 취득한 건물・냉난방・전기・통신 및 기타의 건물 부속설비 등을 말한다. 취득시 건물계정 차변에 구입대금과 구입을 위해 지출된 부대비용을 가산하여 기입하고, 처분시 대변에 장부금액을 기록한다.

기초다지기 2

다음 거래를 분개하시오.

소백사는 영업활동에 사용할 목적으로 건물을 취득하고 대금 ₩5,000,000과 중개수수료 등 ₩200,000을 현금으로 지급하다.

풀이 (차) 건 물 5,200,000 (대) 현 금 5,200,000

3) 차량운반구

차량운반구는 영업용으로 보유한 자동차, 자전거 등을 말한다. 취득시 차량운반구계정 차변에 구입대금과 구입을 위해 지출된 부대비용을 가산하여 기입하고, 처분시 대변에 장부금액을 기록한다.

기초다지기 3

다음 거래를 분개하시오.

운송업에 종사하는 속리사는 트럭을 ₩15,000,000에 구입하고, 제 비용 ₩1,000,000을 포함하여 소지하고 있던 자기앞수표로 지급하다.

풀이 (차) 차 량 운 반 구 16,000,000 (대) 현 금 16,000,000

4) 건설중인 자산

기업이 건물을 신축하는 경우에 완공시까지 지출된 재료비, 노무비 및 경비로 하되 건설을 위하여 지출한 도급금액 등을 처리하는 계정이다. 이 경우 건물이 완공되면 건설중인 자산의 금액은 건물계정으로 대체가 된다.

기초다지기 4

다음 거래를 분개하시오.

(1) 묘향사는 업무용 건물을 신축하기 위하여 ₩80,000,000에 계약을 맺고, 이 중 ₩30,000,000을 수표발행하여 지급하다.
(2) 건물이 완성되어 나머지 잔금을 수표발행하여 지급하고 건물을 인수하다.

(1)	(차) 건설중인자산	30,000,000	(대)	당 좌 예 금	30,000,000
(2)	(차) 건 물	80,000,000	(대)	건설중인자산	30,000,000
				당 좌 예 금	50,000,000

(2) 유형자산의 감가상각

1) 감가상각의 의의

유형자산은 비상각자산인 토지나 건설중인 자산을 제외하고 사용하거나 시간이 경과됨에 따라 기말 결산시 당기에 발생한 감가의 금액을 추정하여 비용으로 계상하는 동시에 해당 유형자산의 장부금액을 감소시켜야 한다. 이와 같은 원가배분과정을 감가상각(depreciation)이라고 한다.

(차) 감가상각비 ×××　　　(대) 감가상각누계액 ×××

▶ 감가상각누계액은 관련 유형자산의 차감적 평가계정이다.

2) 감가상각의 계산방법

① 정액법
② 가속상각법 : 정률법, 이중체감법, 연수합계법

▶ 기초과정이므로 정액법, 정률법, 이중체감법을 확인한다.

① 정액법

직선법(straight-line method)이라고도 하며, 감가상각비가 시간과 비례관계가 있다고 보고 매기 동일한 금액을 감가상각비로 인식하는 방법이다.

$$\text{감가상각비} = (\text{취득원가} - \text{잔존가치}) \times \frac{1}{\text{내용연수}}$$

기초다지기 5

(주)한국은 20×7년 초에 총 100톤의 철근을 생산할 수 있는 기계장치(내용연수 4년, 잔존가치 ₩200,000)를 ₩2,000,000에 취득하였다. 정액법에 의한 1차년도 감가상각비는 얼마인가?

풀이 감가상각비 : (2,000,000 - 200,000) × 1 / 4 = ₩450,000

[회계처리]

(차) 감가상각비 450,000 (대) 감가상각누계액 450,000

재무상태표		20×7. 12. 31.	
기계장치	2,000,000		취득원가
감가상각누계액	(450,000)	1,550,000	장부금액

② 가속상각법

가속상각법(accelerated depreciation method)은 내용연수 초기에는 감가상각비를 많이 계상하고 내용연수가 경과됨에 따라 점차 적게 계상하는 방법으로 초기에 이익이 적게 계상됨으로 법인세 이연효과를 누리려는 방법이다.

㉠ 정률법

> 감가상각비 = (취득원가 − 감가상각누계액) × 정률

▶ 취득원가－감가상각누계액 : 미상각잔액 또는 장부금액이라 한다.

기초다지기 6

(주)한국은 20×7년 초에 총 100톤의 철근을 생산할 수 있는 기계장치(내용연수 4년, 잔존가치 ₩200,000)를 ₩2,000,000에 취득하였다. 정률이 0.44인 경우 1차년도 감가상각비는 얼마인가?

풀이 감가상각비 : 2,000,000 × 0.44 = ₩880,000

[회계처리]

(차) 감가상각비 880,000 (대) 감가상각누계액 880,000

재무상태표		20×7. 12. 31.	
기계장치	2,000,000		취득원가
감가상각누계액	(880,000)	1,120,000	장부금액

㉡ 이중체감잔액법

감가상각비 = (취득원가 − 감가상각누계액) × 상각률

▶ 이중체감률 = $\frac{1}{\text{내용연수}}$ × 2(정액법 상각률의 2배)

기초다지기 7

(주)한국은 20×7년 초에 총 100톤의 철근을 생산할 수 있는 기계장치(내용연수 4년, 잔존가치 ₩200,000)를 ₩2,000,000에 취득하였다. 이중체감법에 의할 경우 1차년도 감가상각비는 얼마인가?

풀이 (1) 이중체감률 : 2/4 = 50%
(2) 감가상각비 : (2,000,000 − 0) × 50% = ₩1,000,000

[회계처리]

(차) 감가상각비 1,000,000 (대) 감가상각누계액 1,000,000

재무상태표			20×7. 12. 31.
기계장치	2,000,000		취득원가
감가상각누계액	(1,000,000)	1,000,000	장부금액

제2절 투자부동산

투자부동산은 비업무용으로 시세차익을 목적으로 보유하고 있거나 타인에게 임대할 목적으로 보유하고 있는 토지나 건물 등의 부동산을 말한다. 따라서 투자부동산은 용도가 임대 또는 시세차익을 목적으로 한다는 점에서 사용을 목적으로 보유하고 있는 유형자산과 차이가 있다. 또한 투자부동산의 후속측정은 원가모형 또는 공정가치모형 중에서 선택하여 적용한다. 이 경우 공정가치모형에서 발생하는 투자부동산평가손익은 당기손익에 반영한다.

제3절 무형자산

(1) 의 의

정상적인 영업활동과정에서 장기간 사용을 목적으로 보유하고 있는 물리적 실체가 없으나 법률적 권리나 경제적 가치가 있는 자산을 말한다.

(2) 종 류

① 식별가능 무형자산

구 분	의 미
산업재산권	기업이 법률에 의하여 일정 기간 독점적 · 배타적으로 이용할 수 있는 권리 예 특허권, 실용실안권, 의장권, 상표권 등
라이선스	일정기간 특정의 기술 및 지식에 대한 이용권
프랜차이즈	롯데리아나 맥도널드와 같이 일정 지역 내에서 특정 상품이나 용역에 대한 독점적 영업권리
저작권	영화, 음반, 서적 등과 같이 특정 저작물에 대한 독점적 사용권
개발비	신제품, 신기술 등의 개발과 관련하여 발생한 지출로 자본화 요건에 충족한 것
임차권리금	전세권을 취득하면서 초과수익에 대한 대가로 지급한 금액

② 식별불능 무형자산 – 영업권

합병 · 영업양수 등의 경우 유상으로 취득한 경우에 한하며, 합병대가가 피합병회사의 순자산 공정가치보다 큰 경우를 말한다.

(3) 회계처리

무형자산의 상각은 유형자산처럼 상각누계액을 설정하거나 무형자산을 직접 차감하는 방법으로 계상할 수 있지만 일반적으로 무형자산을 직접차감하는 회계처리가 보편적으로 사용된다. 무형자산상각비는 당기손익으로 처리되거나 제조기업의 재고자산의 원가 또는 무형자산 원가 등으로 회계처리된다.

제4절 기타비유동자산

(1) 의 의

기타비유동자산이란 금융자산, 재고자산, 유형자산, 투자부동산 및 무형자산에 속하지 않는 기타의 자산으로 다음과 같다.

(2) 종 류

전세권 · 전신전화가입권 · 임차보증금 및 영업보증금 등의 보증금, 일반적인 상거래 이외에서 발생한 외상채권으로서 유동자산에 속하지 아니한 장기미수금 그리고 유동자산에 속하지 아니하는 일반적 상거래에서 발생하는 1년 이상의 장기외상매출금 및 장기받을어음의 합계인 장기매출채권 등이 있다.

Chapter 04 부채의 회계처리

부채란 기업이 과거의 거래나 사건의 결과로서 현재 기업 실체가 부담하고 그 이행에 자원의 유출이 예상되는 경제적인 의무를 말한다.

제1절 유동부채

(1) 단기차입금

금융기관으로부터의 당좌차월과 1년 이내에 상환해야 할 차입금을 말한다.

기초다지기 1

다음 거래를 분개하시오.

(1) 한길은행으로부터 1년 만기로 ₩3,000,000을 차입하다.
(2) 한길은행으로부터 차입한 ₩3,000,000과 이자 ₩20,000을 기한이 되어 현금으로 상환하다.

풀이

		차변 계정	금액		대변 계정	금액
(1)	(차)	현 금	3,000,000	(대)	단기차입금	3,000,000
(2)	(차)	단기차입금	3,000,000	(대)	현 금	3,020,000
		이자비용	20,000			

(2) 매입채무

매입채무는 상품을 외상으로 매입하고 발생하는 외상매입금과 어음상의 채무를 나타내는 지급어음의 합계이다.

기초다지기 2

다음 거래를 분개하시오.

9/2	주왕사로부터 상품 ₩100,000을 외상으로 매입하다.
10	주왕사에 대한 외상매입금 중 ₩50,000을 현금으로 지급하다.
20	도봉사로부터 상품 ₩500,000을 매입하고, 대금은 약속어음(#100, 발행일 9월 20일, 만기일 10월 20일, 지급장소 합격은행)을 발행하였다.
10/20	도봉사에 발행한 약속어음이 만기가 되어 당좌수표를 발행하여 지급하다.

9/2	(차)	매 입	100,000	(대)	매 입 채 무	100,000
10	(차)	매 입 채 무	50,000	(대)	현 금	50,000
20	(차)	매 입	500,000	(대)	매 입 채 무	500,000
10/20	(차)	매 입 채 무	500,000	(대)	당 좌 예 금	500,000

➲ 매입채무는 외상매입금과 지급어음을 합하여 공시하는 통합계정이다.

(3) 미지급금

건물, 기계장치, 토지 등 일반적 상거래가 아닌 거래에서 발생하는 채무는 미지급금계정에서 처리한다. 즉, 상품 이외의 자산을 구입하고 발생한 외상채무는 부채계정인 대변에 기입하고 지급시에 차변에 기입한다.

기초다지기 3

다음 거래를 분개하시오.

10/10	영업용 노트북을 ₩400,000에 구입하고 대금은 월말에 지급하기로 하다.
31	영업용 노트북 외상대금을 소지하고 있던 송금수표로 지급하다.

10/10	(차)	비 품	400,000	(대)	미 지 급 금	400,000
31	(차)	미 지 급 금	400,000	(대)	현 금	400,000

(4) 선수금

수주공사·수주품 및 기타 일반적 상거래에서 발생한 선수액을 말한다. 따라서 미리 계약금으로 선수한 경우는 부채계정인 선수금계정 대변에 기입하고, 실제로 상품이 매출된 경우에는 차변에 기입하여 감소시킨다.

기초다지기 4

다음 거래를 분개하시오.

3/2	월악사는 갑상품 주문을 받고 계약금으로 ₩200,000 현금으로 받다.
10	갑상품 ₩1,000,000을 매출하고, 대금은 현금으로 받아 당좌예입하다.

풀이

3/2	(차)	현 금	200,000	(대)	선 수 금	200,000
10	(차)	선 수 금	200,000	(대)	매 출	1,000,000
		당 좌 예 금	800,000			

(5) 예수금

일반적 상거래 이외에서 발생한 일시적 제 예수액으로 한다. 예를 들면 근로소득세, 건강보험료 등이 해당되는데 이들을 기업이 납부하기 전까지 일시적으로 보관할 경우 부채계정인 예수금계정 대변에 기입하고, 납부시에 차변에 기입하여 부채를 감소한다.

기초다지기 5

다음 거래를 분개하시오.

(1) 자금부 김성실씨에게 당월분 급여 ₩1,500,000 중 근로소득세 ₩20,000과 건강보험료 ₩10,000, 종업원단기대여금 ₩30,000을 차감한 잔액을 현금으로 지급하다.
(2) 김성실씨에게 원천징수한 소득세 ₩20,000을 세무서에 현금으로 납부하다.

풀이

(1)	(차)	급 여	1,500,000	(대)	소득세예수금	20,000
					건강보험료예수금	10,000
					종업원단기대여금	30,000
					현 금	1,440,000
(2)	(차)	소득세예수금	20,000	(대)	현 금	20,000

(6) 가수금

실제로 현금의 수입은 있었으나 거래가 완결되지 않아서 계정과목이나 금액을 확정시킬 수 없을 때 일시적으로 처리하기 위한 계정을 가수금계정이라고 한다. 따라서 현금이 수취된 경우는 가수금계정 대변에 기입하고, 계정과목 등이 확정되면 차변에 기입하여 감소시킨다.

기초다지기 6

다음 거래를 분개하시오.

(1) 부산에 출장간 김성실씨가 내용을 알 수 없는 현금 ₩700,000을 송금해오다.
(2) 김성실씨로부터 송금된 금액은 부산에 있는 화왕사에 대한 외상매출금 회수액인 것으로 판명되었다.

(1)	(차) 현 금	700,000	(대) 가 수 금	700,000
(2)	(차) 가 수 금	700,000	(대) 외 상 매 출 금	700,000

제2절 비유동부채

(1) 사 채

사채는 기업이 장기적으로 거액의 자금을 조달하기 위한 수단으로 발행하게 되는 것을 말한다. 즉, 결산일로부터 1년 후에 상환되는 비유동부채로서, 사채 종류별로 구분하고 그 내용은 주석을 기재한다.

기초다지기 7

다음 거래를 분개하시오.

삼악사는 사채(액면가액 ₩5,000,000)를 다음의 각 경우로 발행하고 납입된 금액은 당좌예입하다.
(1) 발행가액이 ₩5,000,000인 경우
(2) 발행가액이 ₩4,500,000인 경우

풀이 (1) 액면발행

(차) 당 좌 예 금	5,000,000	(대) 사 채	5,000,000

(2) 할인발행

(차) 당 좌 예 금	4,500,000	(대) 사 채	5,000,000
사채할인발행차금	500,000		

(2) 장기차입금

결산일로부터 1년 이후에 상환되는 차입금으로 하며, 차입처별 차입액, 차입용도, 이자율, 상환방법 등을 주석으로 기재한다. 따라서 차용증서를 발행하고 자금을 1년 이상 차입하면 부채계정인 장기차입금계정 대변에 기입하고, 상환시에 차변에 기입하여 부채를 감소시킨다.

기초다지기 8

다음 거래를 분개하시오.

> 칠갑사는 한길은행에서 ₩30,000,000을 차입하여 당좌예금하다. 단, 상환기간은 5년이고, 이율은 연 10%이다.

(차)	당좌예금	30,000,000	(대)	장기차입금	30,000,000

(3) 장기매입채무

상품을 외상으로 매입하고 발생하는 외상채무로서 유동부채에 속하지 아니한 장기외상매입금과 어음상의 채무인 장기지급어음의 합계를 말한다.

기초다지기 9

다음 거래를 분개하시오.

> (1) 주왕사로부터 상품 ₩1,000,000을 외상으로 매입하고 대금은 2년 후에 지급하기로 하다.
> (2) 2년 후 주왕사에 대한 외상매입금을 현금으로 지급하다.
> (3) 도봉사로부터 상품 ₩5,000,000을 매입하고, 대금은 3년 후에 지급하기로 하고 약속어음(#100)을 발행하다.
> (4) 도봉사에 발행한 약속어음이 만기가 되어 당좌수표를 발행하여 지급하다.

(1)	(차)	매입	1,000,000	(대)	장기매입채무	1,000,000
(2)	(차)	장기매입채무	1,000,000	(대)	현금	1,000,000
(3)	(차)	매입	5,000,000	(대)	장기매입채무	5,000,000
(4)	(차)	장기매입채무	5,000,000	(대)	당좌예금	5,000,000

➲ 장기매입채무는 장기외상매입금과 장기지급어음을 합하여 공시하는 통합계정이다.

(4) 장기충당부채

결산일로부터 1년 이후에 사용되는 충당부채로서 그 사용목적을 표시하는 과목으로 한다. 예를 들면 제품보증충당부채, 경품충당부채 등이 있다.

기초다지기 10

다음 거래를 분개하시오.

합격(주)은 20×5년에 정수기를 한 대당 ₩1,000원에 200대를 현금 판매하였다. 과거 경험으로부터 매출 첫 해에는 매출액의 2%, 다음 해에는 매출액의 2% 정도 보증수리비가 발생한다. 위 판매와 관련하여 실제로 20×6년 중에 ₩1,500 발생하였다. 회계처리를 제시하시오.

풀이 (1) 제품판매시

(차)	현 금	200,000	(대)	매 출	200,000
(차)	제 품 보 증 비	8,000	(대)	제품보증충당부채	8,000

➲ 200,000 × (2% + 2%) = ₩8,000

(2) 제품보증비 지급

(차)	제품보증충당부채	1,500	(대)	현 금	1,500

(5) 이연법인세부채

일시적 차이로 인하여 법인세비용이 법인세법 등의 법률에 의하여 납부하여야 할 금액을 초과하는 경우 그 초과하는 금액을 말한다.

기초다지기 11

다음 거래를 분개하시오.

장백사는 결산시 포괄손익계산서상 법인세비용은 ₩200,000이고, 납부할 법인세는 ₩170,000으로 계산되었다. 단, 양자의 차이는 모두 일시적 차이로 인한 것이다.

(차)	법 인 세 비 용	200,000	(대)	미 지 급 법 인 세	170,000
				이연법인세부채	30,000

➲ 이연법인세부채 : 법인세비용 > 납부하여야 할 금액 ⇨ 양자의 차액(일시적 차이)

Chapter 05

자본의 회계처리

제1절 자본의 의의와 분류

자본은 자산에서 부채를 차감한 순자산으로 기업 실체에 대한 주주의 청구권 또는 주주지분이라고 한다. 주식회사는 개인기업과 달리 자본이 다음과 같이 세분화되어 있다.

자 본 금	보통주자본금 · 우선주자본금
자 본 잉 여 금	주식발행초과금 기타자본잉여금(감자차익 · 자기주식처분이익 등)
자 본 조 정	자기주식 기타자본조정(주식할인발행차금 · 감자차손 등)
기타포괄손익누계액	재평가잉여금 기타포괄손익 – 공정가치측정 금융자산 평가손익
이 익 잉 여 금	법정적립금(이익준비금 · 기타법정적립금) 임의적립금 미처분이익잉여금

▶ 주식회사의 자본과 주주지분의 세부적 사항은 회계원리 기본과정에서 심화학습할 것이다.

제2절 자본금과 인출금

주식회사가 아닌 개인기업은 자본과 관련된 모든 거래를 자본금계정에서 회계처리한다. 즉, 영업을 개시하고 출자한 금액과 영업개시 이후 추가로 출자한 금액 그리고 영업활동 등을 통해 발생한 당기순이익은 자본금계정을 증가시키고, 반대인 상황은 감소시킨다. 또한 개인기업은 자본주가 개인적으로 출자금의 일부를 사용하는 경우가 있는데, 자본금의 감소로 처리하게 된다. 이 경우 자본주가 빈번하게 개인적으로 사용하게 되면 자본금의 감소로 처리하지 않고 인출금이라는 계정을 사용하여 처리하고 결산시 인출금계정을 모두 합하여 자본금계정에서 감소시킨다.

개인기업의 경우

구 분	회계처리
① 인출금계정을 사용하지 않는 경우	(차) 자 본 금 ××× (대) 현 금 ×××
② 인출금계정을 사용하는 경우 ㉠ 인출시 ㉡ 결산시	 (차) 인 출 금 ××× (대) 현 금 ××× (차) 자 본 금 ××× (대) 인출금 ×××
③ 당기순이익 보고시	(차) 집합손익 ××× (대) 자본금 ×××

자본금계정

차변		대변	
당 기 순 손 실	×××	원 시 출 자 액	×××
인 출 액	×××	추가출자액·증자액	×××
기 말 잔 액	×××	당 기 순 이 익	×××

주식회사의 경우는 당기순손익을 개인기업의 경우와 같이 자본금계정에 대체한다면 자본금계정은 원시투자액과 당기순손익까지 포함된 금액이 되므로 투자액과 당기순손익의 구분이 어렵다. 따라서 일정기간 동안 발생된 이익은 별도로 이익잉여금계정을 설정하여 회계처리한다.

구 분	회계처리
당기순이익	(차) 집 합 손 익 ××× (대) 이익잉여금 ×××
당기순손실	(차) 이익잉여금 ××× (대) 집 합 손 익 ×××

자본금

차변		대변	
기말잔액	×××	기 초 잔 액	×××
		추가출자액·증자액	×××

이익잉여금

차변	대변	
	집 합 손 익 (당기순이익)	×××

기초다지기 1

다음 거래를 분개하시오.

1/1	소백사는 현금 ₩5,000,000을 출자하여 영업을 개시하다.
8/10	소백사는 추가로 현금 ₩200,000을 출자하다.
12/31	당기순이익 ₩100,000이 발생하여 자본계정에 대체하다.

01 당기순이익을 자본금계정에 대체하는 경우

02 당기순이익을 이익잉여금계정에 대체하는 경우

풀이 (1) 당기순이익을 자본금계정에 대체하는 경우

날짜		차변 계정	금액		대변 계정	금액
1/1	(차)	현 금	5,000,000	(대)	자 본 금	5,000,000
8/10	(차)	현 금	200,000	(대)	자 본 금	200,000
12/31	(차)	집 합 손 익	100,000	(대)	자 본 금	100,000

자본금

12/31	차 기 이 월	5,300,000	1/1	현 금	5,000,000
			8/10	현 금	200,000
			12/31	집 합 손 익	100,000
		5,300,000			5,300,000
			1/1	전 기 이 월	5,300,000

(2) 당기순이익을 이익잉여금계정에 대체하는 경우

날짜		차변 계정	금액		대변 계정	금액
1/1	(차)	현 금	5,000,000	(대)	자 본 금	5,000,000
8/10	(차)	현 금	200,000	(대)	자 본 금	200,000
12/31	(차)	집 합 손 익	100,000	(대)	이 익 잉 여 금	100,000

자본금

12/31	차기이월	5,200,000	1/1	현 금	5,000,000
			8/10	현 금	200,000
		5,200,000			5,200,000
			1/1	전기이월	5,200,000

이익잉여금

12/31	차기이월	100,000	12/31	집합손익	100,000
			1/1	전기이월	100,000